二刀流を語る

二刀流師範

吉田精顯著

東京　教村社　刊行

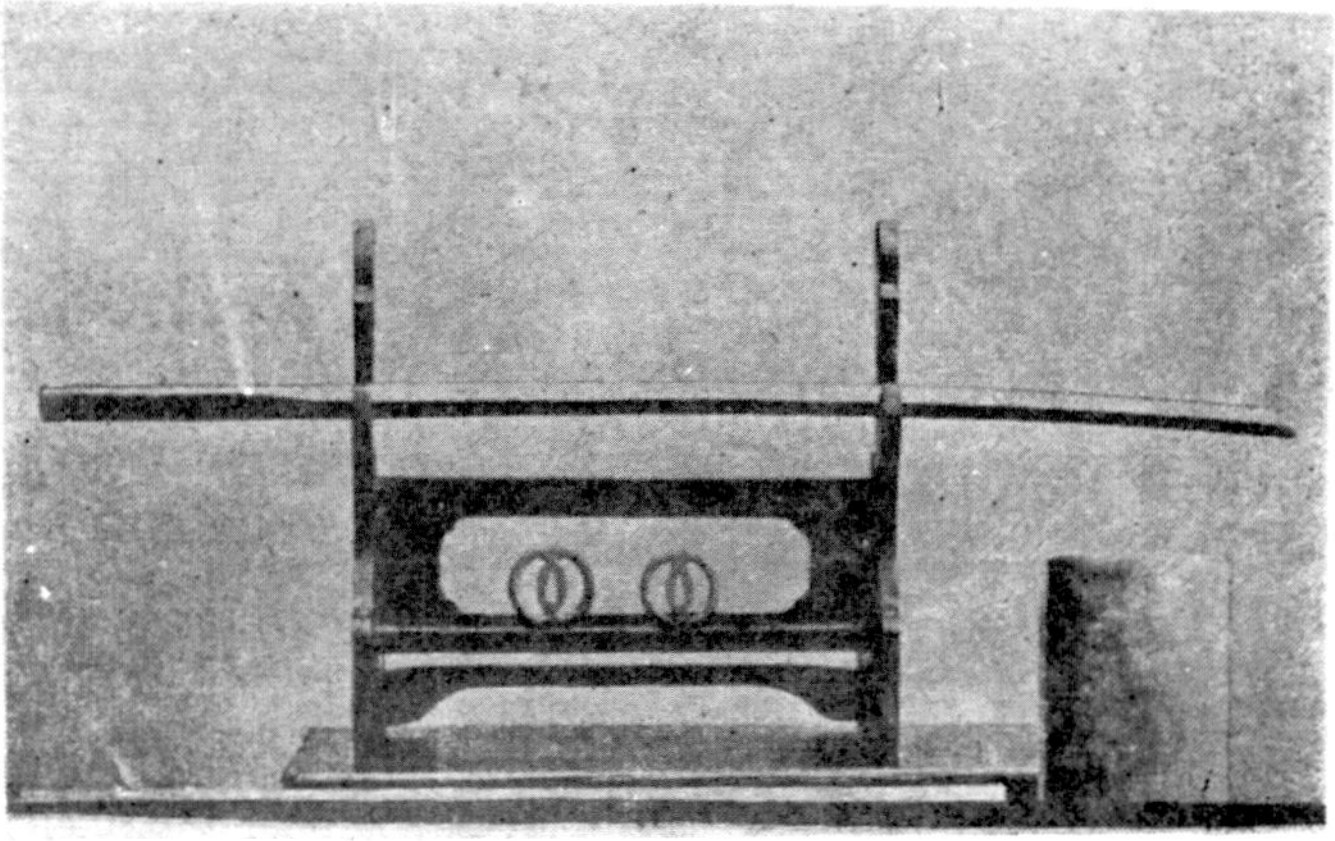

武藏自作の木太刀と鍔

序

わが國劍法の諸流中、異色を放つてゐるのは、二刀流である。

双刀を持つて敵へ向ふこの劍法は、流祖宮本武藏の名と共に、世の興味を集めるに充分な要素を有つてゐる。ところが、流祖武藏のことは、種々に知られてゐるに拘らず、二刀流の内容が餘り知られてゐないのはどうした譯か。この理由には色々な誤解がからまつてゐるやうである。

しかし、二刀流の劍法は、双刀を用ゐて劍の道を修業する劍の正道である。その劍形は双刀を正しく用ひる所に生れ、その劍理は、双刀を振り習ふ所に理解される。

では、敵に對して双刀を劍理にかなつたやうに用ひるには、如何に使用すべきであるか、また双刀を用ひて劍の道を修業する時、そこに顯はれる劍道の理解は、如何なるものであるか。これ等の諸點に就いて答へるのが本書の目的である。

然るに、二刀流の劍法を語るには、流祖武藏のことを語らずに話を進めることは出來ない。

従つて、この書は武藏の事について、多くを述べるであらう。しかし、それは主として彼の劍法に關する事柄である。で、この書を讀むに當つて、讀者諸君が、宮本武藏に關する興味の總てを滿喫しやうと云ふやうな慾望を抱くならば、それは過當である。だが興味の範圍を武藏の劍法に限るならば、本書は諸君の欲求に充分答へ得る。そして、劍道正理の究極にまで、諸君の理解を導くであらう。

なほ又、武藏以後の二刀流諸派の劍形に關する話は、筆者が長い年月の間に、辛ふじて尋ね得た總てを紹介したのであるから、二刀諸派の劍形を知らうとする讀者は、大いに期待を有つて戴いて良い。無論、尋ね得ない諸派の劍形も相當あるが、これは後日、それを識る人に出會つたら、敎へを乞ふて補足したく思つてゐる。

著　者　識

「二刀流を語る」

目次

二刀流基本型圖解

〔上段の構〕

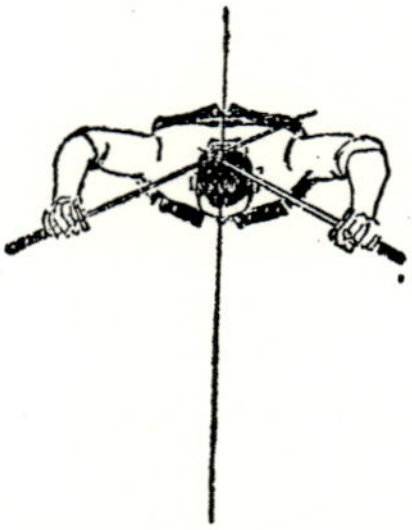

〔鳥瞰圖〕

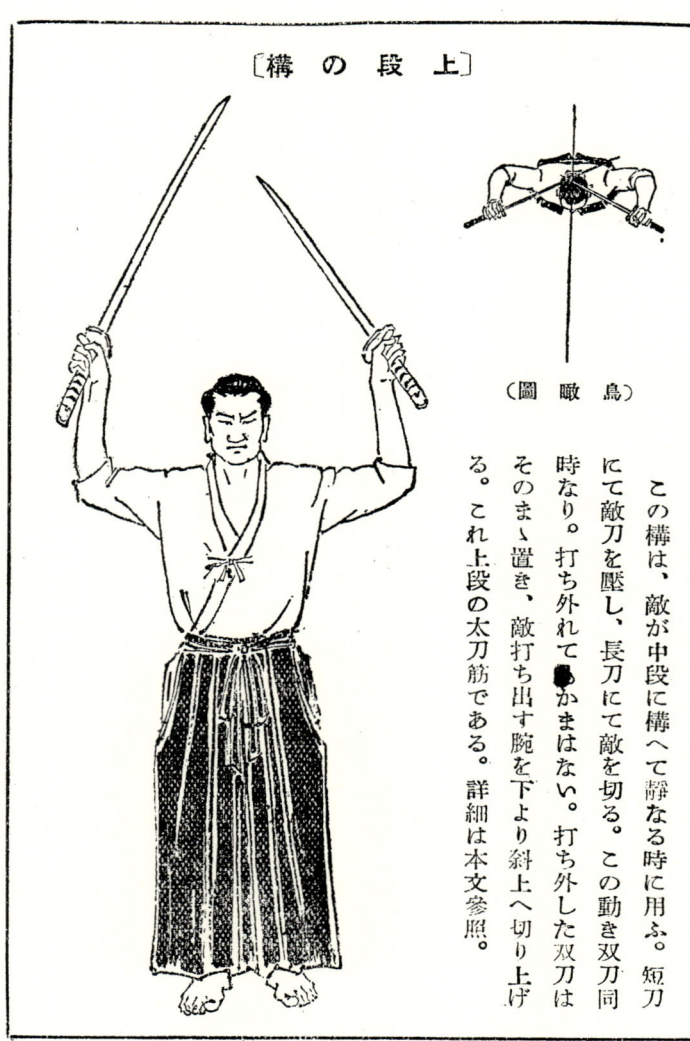

この構は、敵が中段に構へて静なる時に用ふ。短刀にて敵刀を壓し、長刀にて敵を切る。この動き双刀同時なり。打ち外れてもかまはない。打ち外した双刀はそのまゝ置き、敵打ち出す腕を下より斜上へ切り上げる。これ上段の太刀筋である。詳細は本文参照。

〔中段の構〕

（鳥瞰圖）

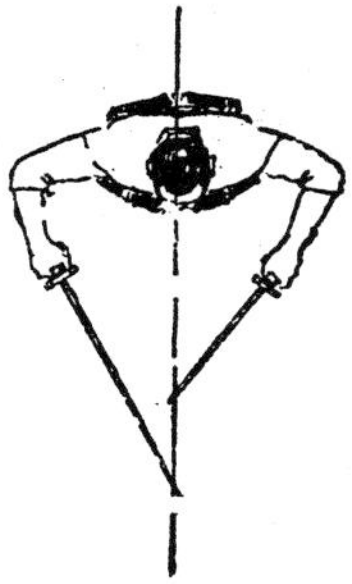

（側面）

（正面）

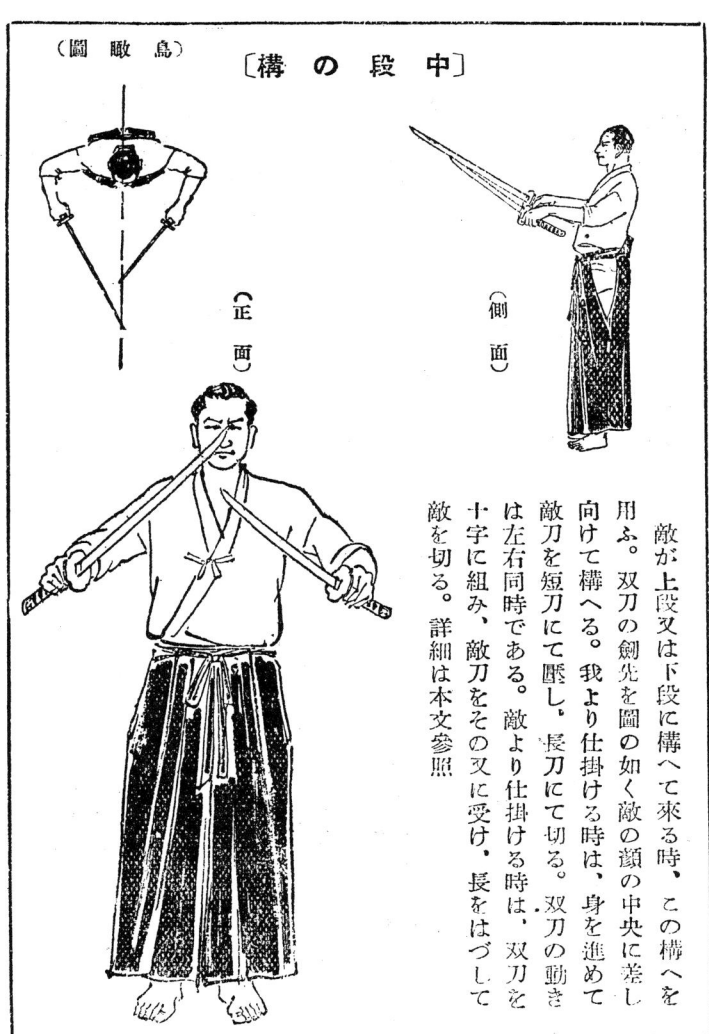

敵が上段又は下段に構へて來る時、この構へを用ふ。双刀の劍先を圖の如く敵の顔の中央に差し向けて構へる。我より仕掛ける時は、身を進めて敵刀を短刀にて壓し、長刀にて切る。双刀の動きは左右同時である。敵より仕掛ける時は、双刀を十字に組み、敵刀をその又に受け、長をはづして敵を切る。詳細は本文参照

〔下段の構〕

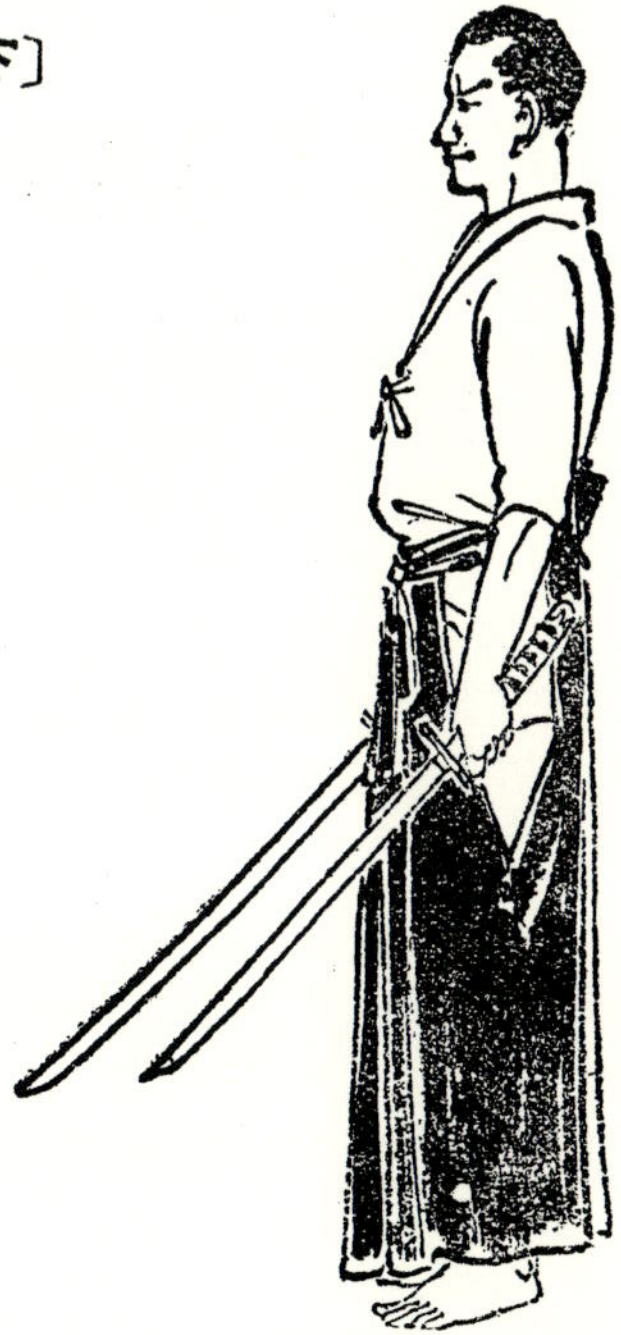

（側面）

敵上段又は中段に構へて急ぐ時、この構へを用ふ敵打ち掛ければ、身を退きつゝ双刀を我胸に引きつけて組み、敵が打ち卸した太刀の上から、組んだ双刀を以つて敵の腕を押し切りにする。この外にも種々な變化があるが、詳細は本文参照

（正面）

〔右脇の構〕

我左脇の詰つた場所で用ふ。敵仕掛ける所を短刀は主として敵刀を拂ひ上げ、長刀同時に敵の腕を切る。切り外したら、太刀の道を受けて、そのまゝ我左肩の上へ双刀を上げ、直に刀身を返して敵へ切り下す。種々な呼吸があるが、詳細は本文參照

〔左脇の構〕

我右の方が詰つた場所で用ひる。敵の打ち掛かるを待ち、打ち出す手を下より切り拂ふそれを敵が外づして、我方の太刀を打ち落さんとすれば、敵の手を下より切り拂ひし心のまゝ、太刀の道を受けて我肩の上へ、斜に切り擧け、直に太刀を返して切り卸す。動作は双刀同時に動く。これにも種々呼吸あり。詳細は本文參

〔上下太刀〕

（正面）

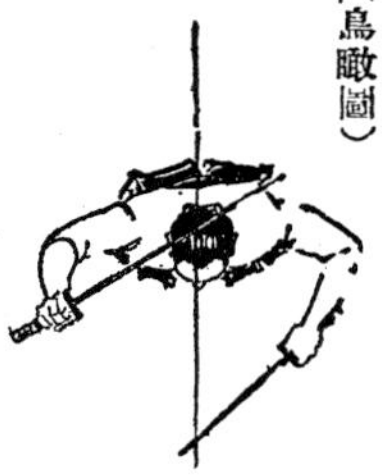

（鳥瞰圖）

敵中段に構へて、劍先を大いに搖る時、この構を用ふ中段に置いた短刀にて敵刀の搖れを邪間し、敵の劍先に我短刀觸れるやそのまゝ短刀を壓して、長刀にて敵を切るこの動作双刀同時なり。長刀の切り場所に種々あり。詳細は本文參照

（側面）

（側面）

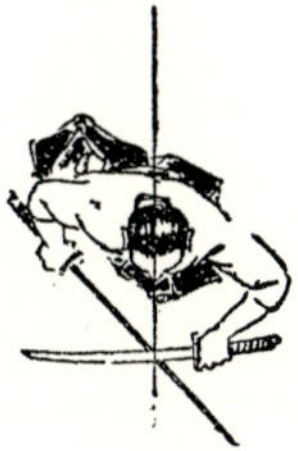

（鳥瞰圖）

（正面）

「組み太刀」

敵の構が上中下段の孰れでも應じ得る構である。武藏の好んで用ゐた構で、構へ方に二種あるが、半身で敵に對し、短刀を横にして長刀の上に重ねて組む場合を心形刀流では横滿字と云ふ。敵が仕掛ければ、組んだ双刀を突き擧げて受け、長刀直に敵を切る。この外にも種々な變化あり。詳細は本文参照

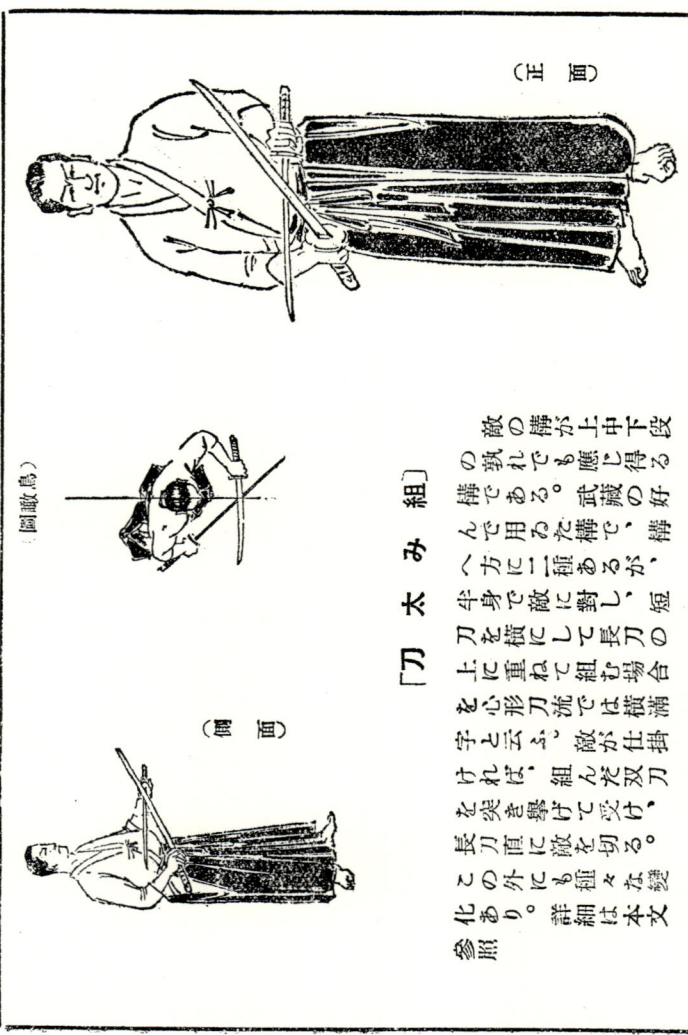

〔陰虎亂〕

敵が上段又は中段に構へ、剛心に進む時に用ふ。斜身で敵に對し、圖の如く短刀を横へて前に持ち長刀を後に曳いて進み、敵仕掛ける時、短刀にて敵刀を遮り身體を轉じて長刀で敵を薙ぐ、動作に種々な呼吸がある。詳細は本文參照

〔相　捲〕

敵が上段又は中段に構へて急ぐ心ある時に用ふる構、短刀を頭上に振りかざし、長刀を我左側へ引き流して、右前の斜身で敵へ對し、敵仕掛る太刀を、我は左前へ轉じつゝ前進して、長刀で受け拂ひ、そのまゝ長刀を我頭上へ引き擧げつゝ短刀で敵の腕を切る。敵が退いて避ければ、更に進擊して短刀で切り上げ、長刀で切り下げる。敵を休ませず連續に切り立てるのである。詳細は本文參照

〔三心刀〕

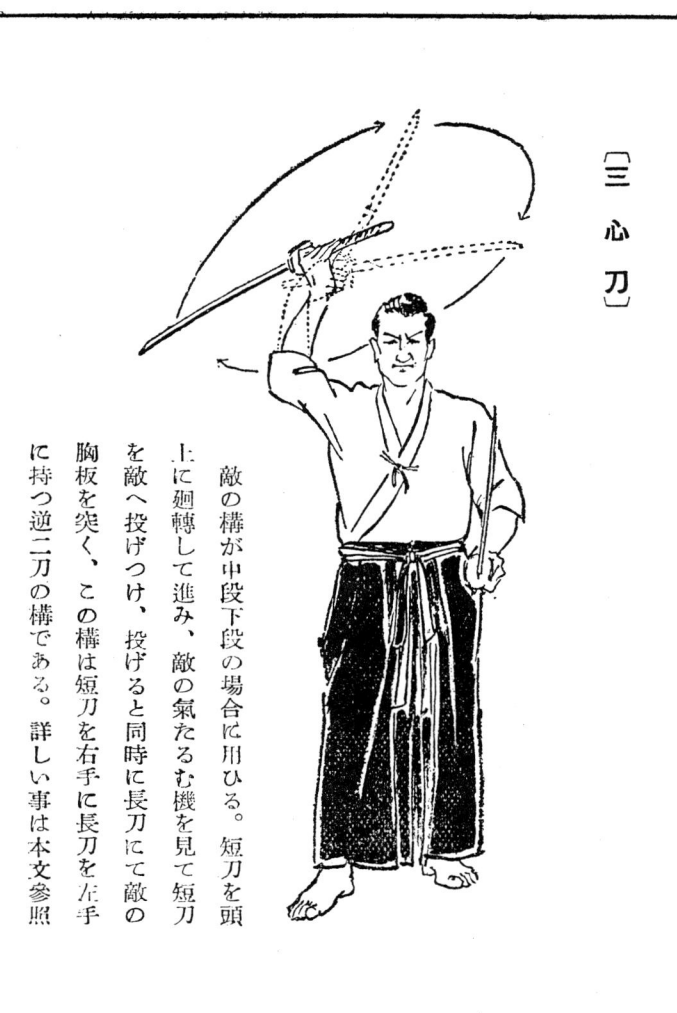

敵の構が中段下段の場合に用ひる。短刀を頭上に廻轉して進み、敵の氣たるむ機を見て短刀を敵へ投げつけ、投げると同時に長刀にて敵の胸板を突く、この構は短刀を右手に長刀を左手に持つ逆二刀の構である。詳しい事は本文参照

〔柳　雪　刀〕

敵が上段に構へ來る時に用ふ。左前の斜身で、短刀を敵へ出來る限り突き出して構へ、長刀を後に曳いて進み、敵が打ち卸す太刀を短刀で受る、この時の受け方は手首の力を拔いて受けるのである。すると我短刀は必ず落る。しかしそれにかまはず身を轉じて長刀で敵を切るのである。切り方に呼吸がある。詳細は本文參照

〔鷹羽の構〕

敵が仕掛けるを待ち、仕掛けたら双刀一時に開いて敵を切る。この構は左腕を右腕の上に組むを法とする。双刀の切り開き方に種々呼吸がある。詳細本文参照

〔新しき位〕

敵の構が上中下段のいづれにも用ひる。變化頻る多い構へであるから詳細は本文を參照されたい。

〔向満字の構〕

組太刀の一種である。敵の構が上中下段のいづれにも適用することが出來る、敵が仕掛ければ、双刀の叉に敵刀を受け止めること横満字の通りであるが、我より仕掛ける時に獨特の用法がある。詳細は本文參照

〔陽虎亂〕

敵が中段又は下段に構へ來る時に用ひる。左前の斜身で敵に對し、短刀を横にして身際へ引きつけて構へ、長刀は上段後方に差し上げて控へ、敵仕掛けるならば、短刀で敵刀を遮り、右半身を前に轉出して、その身のかえりで長刀敵を切る。變化に數種あり。詳細は本文參照

〔白　刄　取〕

（側　面）

俗に眞劍白刄取りと云はれる構へであるが、武藏が無手にても勝つ方法として殘した形で、これを行ふは、その形よりも心にある。無手にて敵刀を避け得る時始めて二刀を自由に使ひこなすことが出來る。故に無手にて敵に勝つ法は技の最後にして、又最初と云はれる。形の内容は本文にて知られたし。

（正　面）

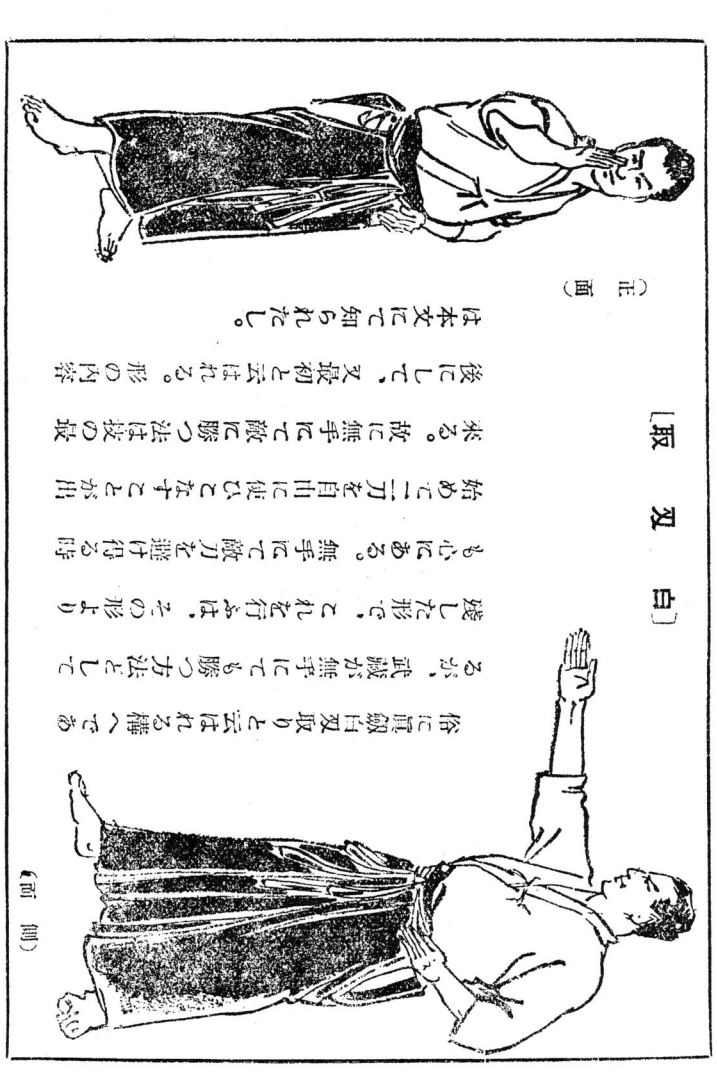

〔多敵の構〕

双刀を左右の脇にひらいて提げた構へで、敵が掛かるか、我から出向くか、とにかく敵と出會つた時は、ひらいた双刀を一時に振り交はして敵を切り拂ひ直ぐ双刀を返して切りひらき、元の構へに戻る。しかし多勢の敵へ切り進むには、その出向き方に種々な教へがある。詳細は本文參照

二刀流を語る

吉田精顯著

一、緒　話

二刀流の話には宮本武藏のことが附物である。武藏が二刀流の元祖たる限り、これはどうも致し方のないことだが、時に武藏と云へば、古今數ある劍客の中で、彼位、人氣のある劍客も稀しい。彼のことは種々に記録されてゐる計りでなく、延享三年に淺田一鳥が武藏を主人公とする院本「花筏巖流島」を書いて以來、講談には讀まれるし、劇には演ぜられるし、然も繰返し繰返し世の人氣を喚んで來た。最近では又、吉川英治氏が、小說「宮本武藏」を書いて、武藏に對する近代人の興味を新にしたやうだ。

さて武藏は、何故この樣に世人の興味を誘ふのだらうか。無論これには、武藏を小說や劇に仕上げた作家達の力を見逃すことは出來ないが、それはそれとして、別に武藏自身が又、世の好みに投ずるものを有つてゐるからである。では、その好みに投ずるものは何か。私達はこれについて種々な理由を指摘することが出來るが、問題を單に大衆的な興味と云ふ點に局限すると、それは結局次ぎの二點に歸着するやうである。即ち武藏が非常に强かつたこと、彼の劍法が二刀流と云ふ形變りの劍法だつたこと、以上の二點である。所で話が一寸理詰めになるが、元來武藏の强さなるものは、彼が彼自身の劍法を用ゐることによつてであるから、これを更に煎じ詰めたら、武藏に對する興味の源は畢竟彼の劍法たる二刀流だと云へるだらう。

事實、武藏の生涯は彼自身の劍法即ち二刀流を完成することにあつた。そして二刀流を修得することに依つて、劍の道を極めんとしたのである。だから彼の生涯における行動の總ては、悉く二刀流の異彩ある劍道精神に依り畫き出されたものに外ならない。從つて又、武藏を知るには彼の劍法を知らねばならぬ。それなのに世間では、武藏のことを口にする人は多いが、二刀流を知る人の少いのはどうした譯か。敢て憤慨する程の事柄でもないが、武藏のために悲んでやりたい氣もする。

尤もこの際、二刀流を知る人が少いと云ふことを、文字通りに受け取られては困る。と云ふのは、街の通り懸かりに、子供達が集つてチャンバラをやつてゐるのを見ると、その中には定つたやうに一人や二人は二刀流の劍客がゐる。甚しい時には集つてゐる子供の全部が二刀流の劍客だ。然もこの劍客達は、二本の棒切れを持ち、片方を中段へ、片方を上段へ構へ、「いざ！　參れ!!」と力味返るのである。その有樣は實に立派な使ひ手だ。そこで二刀流なんか子供でも知つてゐる。まして武藏のことを口にする程の者が……と抗議されそうだからだ。

併し、この種の劍客共は、その樣に二刀を構へても、さてどう使ふかを知らない。子供の事だから無論二刀の使ひ方など知る筈もないが、これと同樣のことが世間の武藏通にも云へるのである。卽ち武藏の事は知つてゐても、二刀流のことは案外御存じないと。だがこの事は、殊更取立て問題にしなければならぬ程の事柄ではない。世人が武藏のことに興味を有ち、それを口にする場合、二刀流のことを知つてゐやうがゐまいが、そんなことは社會性がないからである。

所が此處に問題なのは、我劍道界においても亦、二刀流を心得てゐる劍士が實に少いと云ふ點である。何故なれば、この事は二刀流の學ぶに足らぬ事を意味してゐるのか、それとも又二刀流が學び難いことを意味してゐるのか、兎に角二刀流の根本價値に關する疑問を起させるに充分な根據となるからである。事實世間には二刀流を劍の正道と考へない人が相當にあるやうだ。ひどいのは、二刀流を邪劍だと云ふ人さへある。それが又、劍道を少しも學んだことのない人よりも、大なり小なり劍の道を學んだ人に多いのだから厄介である。

では二刀流は果して邪劍か、私は話の手始めとしてこの事から述べることにしやう。

二、二刀流は邪劍か

一般に二刀流を「兩刀使ひ」と呼ぶ僻がある。二刀を使ふのだから兩刀使ひと云はれても仕方はないが、この言葉には何時の間にか妙な意味が出來て來た。それは右でいけなければ左を使ひ、左でいけなければ右を使ふと云ふ風に、左右双道懸けて敵を狙ふと云ふ意味である。所がこの意味をそのまま受け取つて、二刀流を非難する人がある。卽ち、「二兎を追ふ者は、一兎をも得ず」と云ふ諺がある通り、二股を懸けて敵を狙ふ劍法なんか本當に敵を斬り得る劍法ではない。それは邪劍だと云ふのだ。こんな論者には、我等又何をか云はんで、別に問題とすることはないが、更に一層手の込んだのは、二刀を使つてゐる所を一通り觀覽してから、二刀流を非難する連中である。この人達は大概次ぎのやうに云ふ。

「二刀流の劍は弱々しい。そして非常に策謀的だ。否むしろ策謀にのみ終始する劍法だ。こんなのは道場の叩合ひには適しても、眞劍の勝負には役立たない。だから結局それは邪劍だ」と。

云ふまでもなく、二刀流は片手で劍を振るから、兩手で振る劍にそれを較べたら弱いのは當然だ。武藏も「片手で斬れない時は兩手で切れ」と云つてゐる程だから、片手で振る劍が兩手で振るそれよりも弱いことは認めてゐるのだ。併し、この弱さは原則として弱いと云ふだけである。振り馴れて終へば、片手の劍も決して弱くはない。それは兩手で斬り込んで來る敵の劍を張り除けることも出來れば、敵を斬り斃すにも充分である。從つて二刀流の劍が弱々しいと云ふ事は、何にも二刀流が實戰に役立たないことを意味するものではない。流祖の武藏は云ふまでもなく、彼の門下で二刀流を學んだ劍士達の中には、この流儀によつて敵を斬つた者が相當ある。

では二刀流が策謀的だと云ふ非難はどうか。併しこれも亦誤解に過ぎない。

元來、戰ひには策戰が不可缺の要件だ。劍の戰ひにも策戰はある。それ故、二刀流が特に策謀的だと云ふのは、何を指して云ふのか少々解し難いが、恐らくそれは、劍の使ひ方が技巧に過ぎると云ふ意味であらう。成程、二刀流における劍の技巧は、一本の劍を持つ場合よりも多い。だが二刀流の技巧は、二本の劍の組み合せから生れる變化であるから、一本の劍による場合より數が多くなるのは當然である。だから問題は、劍の技巧の數にあるのではなく、それ等の技巧が、劍理に適つてゐるか否かである。所が、立ち入つた議論は別として、早い話が、有効適切なものは劍理に適つてゐると云ふ可きであるから、二刀流の技巧もこの意味においては毫も劍理にそむくものではない。だから、二刀流を技巧的だと非難しこれを邪道視することは當らないのである。

だが、萬一、二刀流を學ぶ者が、二刀の使ひ方に熱中するの餘り、例へば、敵が面を望んで斬つて來たら、それを左劍で受け止めると胴が斬りよくなるから、右劍で胴を斬つてやらうとか、敵が突いて來たら、左劍でその劍先を横へ押えると小手が斬りよくなるから、右劍で小手を斬つてやらうとか云ふ風に、こんな技巧を工夫することのみに耽つて、それ以上顧ることがないならば、それこそ邪道の名に値する。然も二刀流の初心者には、確にこの傾向が有り勝ちなのである。併し、技巧は如何に精巧を極めても、それを心得てゐる敵に對しては最早効果は、得られない。だから眞に敵を斃し得る劍の正法は、單なる技巧ではない。この點二刀流を學ぶ者は深く注意しなければならぬ。と同時に二刀を使ふ初心者の試合振りを觀て、二刀流を技巧にのみ走る劍法だと早合點して誹るのは、誤解の甚しいものだ。二刀流は斷じて技巧の劍法ではない。それは二刀を持つて劍の正道を學ぶ劍法である。

三、二刀流は習ひ難いか

剣に経験のある者は、大概、「二刀流は習ひ難い」と云ふ。何故習ひ難いかと訊けば、「一本の剣さへ使ひこなすのは難しいんだから、二本の剣を使ふことは猶更難しい」と答へる。これはつまり、一本の剣を習ふ場合と二本の剣を習ふ場合とを比較しての論である。

如何にも、この意味での二刀流は確に習ひ難い剣法だと云へる。何故なれば、二刀流にあつては、まづ剣を片手で振ることに馴れねばならない。それから右と左の両方が楽に動くやうに練習する必要がある。それに又、二本の剣を同時に振りさばく事も習得しなければならぬ。然もこれ等のことは一本の剣を習ふ場合には必要のないつまり餘分の修業である。従つて二刀流は剣道上の難行道だ。ことに修業の途中においては、二刀を使ふと腕の疲勞と精神の疲勞が一本の剣を使ふより甚しいことも確である。従つて二刀流は又剣の苦行道であるとも云へる。

そこで二刀流を志す者は、必ずこの難行苦行に耐える者でなければならぬ。しかし普通は誰しも楽な方を選ぶのが人情であるから、二刀よりも一刀を志す者が多いのは自然である。剣豪宮本武藏の實力とその魅力とが、かつては一千を超える門下を集め得た二刀流も、彼の死後次第に衰退して行つたのは、時代の變遷にも依るが、その半面における原因は實にこれであつた。

では武藏は、劍の難行道とも云ふ可き二刀流を、何がために創めたのか。話は勢ひこの點に觸れねばならぬ。

四、二刀流の創意

武藏が二刀流を創めたことに就ては、種々な説がある。しかしその中で一般に信ぜられてゐるのは東作誌の説であらう。

東作誌の説は、「武藏幼年の時、荒牧の神社に遊びて太鼓を打つ有様を見、二本の撥から發する音が左右等しいのを感悟し、十手を二刀に換へた」と云ふのである。

これで見ると、武藏が二刀を使ひ始めたのは幼少の頃のやうに思はれるが、彼の種々な傳記を綜合して見ると、二刀を使ひ出したのは相當に他流試合の場數を踏んでからのやうである。

無論正確なことは解らないが、大體の見當は、彼が京都に登つて吉岡一門と試合をした頃に始まるらしい。しかしこの事は兎に角として、問題は太鼓を打つ二本の撥と音の關係から二刀のヒントを得たと云ふ點であるが、これも何うかと思はれる。と云ふのは、二刀流の極意三十五箇條の劈頭に、武藏は「太刀を二つ持儀、左の手にさして心なし、太刀を片手にして取ならはせん爲なり」と云つてゐるし、五輪書では「兩手に物を持事、左右共に自由には叶ひがたし、太刀を片手に取習せん爲なり」と書いてゐる所から考へると、二本の撥で打つ太鼓の音が、左右等しからうと等しかるまいとそんなことは二刀流の精神と關係のないことであり、從つてヒントに値しないからだ。實際又、二刀流の劍法には何處にも太鼓の撥さばきを聯想させるものは存在しない。即ち、二刀流は長短の二劍を使用するが、同じ寸法の劍を用ゐない。使ひ方においても、長短各の利に從つて使ふから、右と左とでは著しく使ひ方が異るのである。

では最後の「十手を二刀に換へた」と云ふのはどうか。尤もこの說は二天記も採用してゐる說で、その原文は次ぎの通りである。

武藏は「思惟考索して十手の利、一刀に倍せるを知れりといへども、十手は常用の器にあらず、二刀は腰間の具なり、二刀を以つて十手の理となすに、その德、違ふことなければとて、十手を改めて二刀の家となし、云々」

この說は或はさうかとも思へる點もある。それは武藏の父の平田無二齋が十手の名人であつたことから、武藏もこの術を父から習ひ、十手の利害は心得てゐたに違ひない。從つて二刀流の創案にそれを應用するなどは極めてありさうなことだからだ。併し、ここにも問題はある。それは十手の利と二刀との關係だ。

元來、十手と云ふ武器は、刀を持つ敵を捕へる時の護身用に考案されたもので、昔の捕吏は皆これを持つてゐた。しかし私達が芝居で見る捕吏の十手、卽ち片鉤のものは、携帶に便利なやうに變形された十手で、考案された當初のものは、鉤が兩側に附けてあつた。それが、又各三寸位も出張つてゐたから、名前の如く十字の形をしてゐたのである。使ひ方は小太刀の構への如く片手に持つて敵へ向けて進み、敵が斬りつけて來たら、それを押し返すやうに受けて、受けた劍をそのまま鉤に喰はせ、敵の劍の自由を封じつつ敵の身際へ摺り入るのである。無論、習ひ覺えたら相當に役立つ武器ではあるが、藝當が唯敵へ近附くだけのものであるから、刀劍の利に較べて十手の利が特に倍するなどとは考へられない。從つて使ひ方も二刀とは全く意味が別である。强いて兩者の似た點を云ふならば、二刀は時に大劍と小劍を十字に組み敵の劍を受けることがあるが、その形が十手に似てゐると云へば云へる。併し、二刀を十字に組む使ひ方は全く獨自の性質に基くもので、十手の性質とは關係がない。だから十手の利から武藏が二刀流劍法を考へ出したやうに云ふのは怪しいものである。こんな說は、武藏の死後、彼の父が十手の名手だつたことや、二刀の使ひ方に十字の形が見える點などから、世間の物識り顏がまことしやかに作りあげた筋書ではなからうか。

さて、以上のやうに述べ立てると、武藏が二刀流を思ひ立つた動機に關する世間の傳說は目茶苦茶だ。そしてこの話は、巷の武藏通を以つて任ずる人達を混亂に陷れることになる。併し私が敢て以上の如きことを述べたのは、巷說を混亂させるために云つたのではない。實は讀者を巷說から引き離し、白紙の態度において、二刀流の創意を聽いて貰ひたいからである。

では、二刀流の創意は？　それは劍と云ふものは片手で使ふものだといふのが出發點だ。武藏の云ふ所によると馬に乘つた時、驅ける時、沼や川を徒渉する時、石原や嶮しい道を行く時、人ごみの中、持物ある時などは、總て兩手で劍を使ふことは出來ないから、片手で使ふことを習ふのが實の道だと云ふのである。併し、これは表面の理由に過ぎない。それよりも更に切實な理由は、兩手で持つより片手で持つ方が劍は有効に働くと云ふ點にある。具體的に云ふと、例へば兩手で劍を持つた場合は、上から斬り下すことは樂に出來るが、下から斬り上げることは困難である。それを強いてやれば劍に非常な無理が生ずる。所が、片手だと、上から斬り下すのも下から斬り上げるのも全く自由である。それは劍の双峰を自由に返し得るからだ。武藏はこの自由さを非常に重要視した。その結果劍は片手で使ふものと云ふ信念を得たらしい。事實又、武藏は如何なる試合に臨んでも劍を片手で使つた。ところが片手で劍を使ふことにすると、殘る片手は遊んでゐる。これは誰の眼にも不經濟だ。殊に武藏は、「習慣として武士は大小二刀を帶びてゐるが、一命を捨てる程の時に、一刀だけを使つて他の一刀は腰に差したまゝ役立てずに死ぬなどは本意でない」と喝破しなければ氣のすまない彼である。遊んでゐる片手に小太刀を握らせるのは當然だ。かくて二刀流は生れ出た。

併し二刀流の主意は片手で劍を使ふにあるから、武藏も最初は「小太刀の方にはたいして心なし」と教へ、「兩手に物を持つこと、左右共に自由には叶ひがたし、太刀を片手に取習はせんためなり」と云つたが、後には小太刀も役に立つだけは役立てねばならぬと云ふ意志が強く働いて來たことは爭へない。かくて彼は二刀流を以つて長短二劍の利害を同時に習ひ覺へる劍法だと解釋するやうになつた。卽ち「長きにても勝ち、短きにても勝つ」ことを習ふ道だと云ひ、更に進んでは「何を手にしても勝つことを覺へる道だ」とさへ云ふやうになつた。併し「何にても勝つ」など云ふ事は明かに理想論だから實際には何處までやれるか解らない。そこで私達は、これを只武器にこだわるなと云ふ意味に解して置けばよいだらう。

さて二刀流の創意が、右の如きものとすれば、その內容は如何なる構造を有つだらうか。話は愈々これを述べる順序になつたが、內容には種々なものがあるので、それ等に筋を與へて話すには何んな順序にしたらよいか、一寸考へさせられる。だが此處で頭をひねつて種々な分類方法を講じて見た所で、却つて解り難くなるやうでは何にもならないから、結局劍道の心得を持たぬ人にも解り易いやうに話すのが一番よいだらう。で話は先づ、劍の持ち方から順を追つて進めることにしやう。

五、劍の持ち方

二刀流の劍は片手で持つに定つてゐるが、片手で太刀を持つと、刀の全重量が片手に懸るから、一度柬を握つたら握り場所を變へることが容易ではない。つまり握り變へが不可能なのである。だから、太刀を持つ時に柬の握り場所が問題となるのであるが、さて何の邊を握ったらよいかと云ふと、それは大體鍔から一寸餘り離して握るのが良いのである。何故なれば、どんな刀でも鍔から離れて持てば持つ程、劍先の重味が感ぜられて振り難くなる。だから振り良いと云ふ點からは、成丈け鍔際を握るのが良いのであるが、鍔際を握ると敵の劍を鍔へ受けた時、手首に傷を受け易い缺點がある。尤も非常に大きな鍔が着いてゐる場合は別だが、普通の鍔ではこの缺點は免れない。で刀も振り良く、鍔の效力も失はぬやうに持たうとすると、結局鍔から一寸餘り離れた場所を握るのが一番良いと云ふことになるのである。

次ぎは、その握り具合であるが、太刀を握る手は、小指と藥指を締め、中指は締めず緩めずと云ふ程度、そして人差指と親指は浮べる氣持に握るのである。何故こんな握り方をするかと云ふと、これは太刀を正確に振るためだ。諸君が太刀を握つて實際に試して見れば直ぐ解ることだが五本の指を全部握り締めると手首が居付いて終ふ。すると手首と腕の癖がそのまま太刀へ傳はるから、太刀は如何に目的物へ向つて正確な運動を起しても、進んで行く間に手首や腕の癖によつて方向が狂ふことになる。假令方向が狂はないまでも、刀の刄が正しく目的物へ向はない。これは手に力が這入り過ぎるため、刀の運動中に於ける感覺が感ぜられなくなり、知らぬ間に刃を横に枉げて終ふからである。で太刀を正確に振るには手首を自由にして置くことが大切で、そのため人差指と親指を握り締めないことが要求されるのである。

だが、人差指と親指を浮べるやうに持たねばならぬと云つても、これ等の指を束から全然浮かして終ふのは、絶體に禁物である。そんな持ち方をずると、片手で劍を持つ限り太刀を取り落すやうなことが起る。だから人差指と親指とは只握り締めないと云ふ程度で矢張り束に觸れてゐなければならないのである。武藏はこの事を「手の内には、寛ぎのある事惡し」と教へ、次ぎに「敵を斬る時も、試物など切る時も、この握り方に變りはない」と云つてゐる。

では、何時もかもこの握り方で良いかと云ふに、そうばかりとは行かぬ。例へば、敵の劍を受ける時、敵の劍と張り合ふ時、敵の劍を押へる時などは、當然太刀へ力を加へなければならないし、手首がぐらつかぬやうにしなければならぬから、人差指と親指を握り締めねばならぬ。併し、それはほんの少し握り締めるだけだ。そして兎にかく手首が竦まぬやうに太刀を握る心掛けが肝要である。竦むと居付いて動かなくなる。武藏の言葉で云ふと、「居付は死ぬる手なり、いつかざるは生きる手なり」である。そして二刀流では、左右孰れの劍を握る場合も、この握り方に變りはない。

さてこのやうな持ち方に關聯して、注意までに話して置きたいのは劍の振り方である。

六、劍の振り方

劍に刄と峰の區別があることは誰でも知つてゐることだ。ところが劍の道筋と云ふことになると解らない人が多いやうである。併し劍の道筋と云つても、別に難しい意味があるのではない。要は刄と峰の方向を指して云ふに外ならぬ。

元來、劍は物を斬りよくするために、刄の方向に向つて振るのが一番振り良く作つてある。だからこの方向以外へ振らうとすると、それだけ無理が生ずる譯だ。從つて劍道では刄峰の方向を劍の道筋と稱へるのである。

ところがもし、太刀を早く振り動かそうとすると、この場合は急に手へ力が這入るから、前に述べた理屈に依つて太刀の運動に無理が生じ、振り難くなるのは當然である。だから太刀はその運動方向に無理が生じない程度に振らねばならぬ。これ武藏が、「太刀は振りよき程に靜かに振るなり」と云つた所以であつて、太刀はその重量の如何に拘らず、靜かに振るものである。だが靜かに振ると云ふ事は、決してのろ〳〵振ると云ふ意味ではない。慌てて振つたり、あせつて振つてはならぬと云ふ意味である。だから太刀は扇子や小刀などを使ふやうに早く振つてはならぬ。こんな振り方をすると、必ず刄峰の關係が狂つて肝心の敵が斬れなくなる。太刀の振り方は、振り下しては、揚げよき方向へ揚げ、横に振つては横に戻すと云ふ風に、悪に角振りよい道筋へ道筋へと、如何にも大きく肘を延べて強く振るのが定法である。二刀流の劍の用法は、この太刀の道筋を違へない所から出發する。

七、二刀の構へ方

二刀流には五方の構と云つて、上段の構、中段の構、下段の構、右脇の構、左脇の構の五つの型がある。（挿圖參照）これ等の構は云ふまでもなく、武藏が豊富な實戰の經驗に基いて考へ出したところのものである。そして「構はこの五つの外に無し」と彼は云つてゐる。

併し、構に對する武藏の考へは、「太刀を構ると云ふ事などは有るべきことではない」との解釋から出發してゐるのである。これは一寸極端な考へ方だとも云へるし、五方の構があると云ふ事とも矛盾するが、彼は次ぎのやうに云ふのである。

即ち、太刀は敵の様子、場所の關係、その時の景況に從つて敵を最も斬りよいやうに置くものだ。その置き方に五つの場合があるが、これらを構と稱ぶなら、構はあることになる。併し構に五つの場合があつても、これ等は皆敵を斬るためのものであり、その様に持つことに依つて思はず敵を斬ると云ふ事に外ならない。だから「構は有つて構はない」と。

だが武藏のこの説明は禪學的だ。從つて近代的な物の考へ方でこの説明を追究してはならない。私達は唯この説明中から、構は敵を斬りよいやうに太刀を置くに過ぎないから、構に捉はれて敵を斬ることを忘れてはならぬと云ふ事を知れば足るのである。

それに又、構に五つの種類があるとは云へ、上段も都合で少し下げれば中段となり、更に下げたら下段になるし、下段も利に應じて少し上げると中段であり、更に上げたら上段である。左右兩脇の構だつて同様だ。即ち少し中に出したら中段或は下段になる。だから五つの構を、その一つ〳〵が獨立したものと考へる事も禁物だ。私達はむしろ、其等を太刀の運動におけるターミナルと見做す方がよい。何故なれば、上段から斬り卸した太刀が下まで走れば、それはそのまま下段の構であり、下段から斬り上げた太刀が中途で止まればそのまま中段の構だと云ふ風に、太刀の動きは構から構への移轉を意味するからである。そして二刀流の如く片手で太刀を振る劍法においては、構をこのやうに考へることが特に重要なのである。併しこの事を一層明瞭にするには、五つの構の一つ〳〵を詳く述べねばならぬ。

(1) 上段の構

上段の構は、太刀を振り上げた形である。だからこの構は太刀を振り卸すことは早い。即ち攻擊に便利な構である。併し構そのものとしては防禦性を有しない。上段の構における防禦手段を强ゐて云ふならば、身を退いて敵の劍を避けるか、敵へ斬り着けることに依つて敵の攻擊を制壓するより他に手段がない。だから上段の構は結局敵を攻擊するにも、防禦するにも、太刀を振り卸す以外に變化を有たぬ構である。この事は構としてたくらみの無いことを意味してゐる。これ上段の構が率直な構だと云はれる所以である。

さてこの構で敵へ向ふには、振り上げた太刀を靜かに置き、敵が打つて來る所を、敵に先んじて一擧にかゝるのである。それ故、上段から太刀を振り卸すには、敵の動きに應ずる種々な呼吸が工夫されねばならぬ。又色々な拍子が會得されねばならぬ。打ち方における種々な呼吸、色々な拍子を知らずして、上段に太刀を構へるのは無意味であり、かつ危險である。

併し如何に打ち方の呼吸や拍子を知つて斬り卸しても、敵を斬り外すことは無論ある。その時はどうするかと云ふと、斬りはづした太刀はそのまま置き、次ぎに敵が斬り掛けて來る所を、下からすくひ上げて斬るのである。この下からすくひ上げて斬る太刀の使ひ方にも、敵の動きに應ずる種々な呼吸、色々な拍子があることは云ふまでもない。併し打ち方の呼吸や拍子のことは後に述べるから、今は省略する。

要するに上段の構は、種々な打ち方を以つて敵を一擧に斬り、斬り外したら下から斬り上げるにある。そして敵を斬るまでそれを繰り返せばよいのである。

世間では、上段の構と云へばすぐ敵を呑んだ構だとか、豪慢な構などのやうに云ふが、本當の性質はそんなものではない。既に述べた如く、この構は構そのものにたくらみがないだけに太刀の斬り卸し方に細心の注意が拂はれてゐる。その用意周到な心の配り方は、敵を呑むとか侮るとか云ふ氣持とは凡そ關係のない事である。だから劍を習ふ者は、決して上段の構を忌避してはならぬ。むしろ努めてこの構を稽古し、これに依つて、敵を斬る樣々な太刀の打ち方を修得すべきである。

以上は專ら大劍に關する話であるが、この場合、小劍の方はどう扱ふかと云ふと、これも矢張り上段へ振り上げるのがこの構の定法である。これは小劍の有つ利害からそうするのではなく、上段の構の意味に徹するために外ならない。

元來、小劍は敵へ近づいて始めて攻擊力が出來るので、敵との距離が大きい間は攻擊性がない。それは全く防禦性である。だから上段の構のやうな大劍が攻防の主位にある構においては、小劍は大劍の活路を邪魔しない位置なら何處に置いてもよい譯だ。所がこの場合、小劍を中段へ置くと、小劍による防禦力を増大するが、小劍への注意力が自然に強くなつて、氣持の上において大劍の活力がそれだけ減殺されて終ふ。だから上段の構に小劍を中段へ置くのは禁物だ。

今日、二刀を使ふ劍士達は大概、大劍を上段へ上げたら小劍を中段へ置くやうであるが、その使ひ振りを見るに皆、小劍の防禦力を活用せんとして大劍の活力を減殺してゐる。注意す可きことである。では下段に置いたらどうか。所がこれは大劍と小劍が離れ〳〵になつて構を構成しない。結局、上段の構では小劍も上段に置くのが素直である。そして攻擊にも防禦にも機に臨み、變に應じて、大劍の活動を補佐するやうに小劍の動きを扈隨せしむべきである。

(2) 中段の構

中段の構は、大小二劍を中段へ置き、切先を敵の顏へ向けて構るのである。そして敵が斬り付けて來たら、右へ大劍を少しはづして直ぐ敵の太刀の上へ乘り、そのまま突くか、或は切先返しに斬り下げる。そして斬り下げた太刀はそのまま置き、次ぎに敵が斬り掛けて來る所を、下から敵の手をはるやうに斬り上げるのである。尤も敵の出方に依つてそれに應ずる種々な變化はあるが、詳しいことは後に讓るとして、總括的に云へば中段の構は防禦的である。しかも防禦の點では他の孰れの構にも優つてゐる。ではこの構から攻擊に出る時はどうするか。それは防禦力の優れた點を利用して敵へ押し進み、敵の崩れを捉へるのである。だから中段の構を用ゐるには、敵を押し崩す呼吸と防禦から攻擊に轉ずるこつを習ふことが肝要である。

(3) 下段の構

下段の構は雙刀を引つさげて持つた形である。だから一寸見ると實に不用意な構に見へるが、下から斬り上げる事は早い。この事がこの構を可能ならしめる要素なのだ。卽ち敵が打ち掛けて來る所を、下から敵の手をはるやうに斬り上げるのである。だが、はるやうに斬り上げると、この時の我太刀は當然横へ向つて動く傾向を有つ。そこで敵がこの太刀を避けるにはそれを打ち落すのが一番早道だ。だから下からはり上げると、敵は必ず太刀を打ち落しに掛かるが、その時は、敵が打ち落しに來る所を越すやうに我太刀を敵の太刀から外らしつつ引き上げ、敵が打ち下した所を、腕を狙つて横に切り着けるのである。

この場合、小劍は敵との間隔が狹るまで用ゐないのが原則だ。しかし下段の用法にはこの外にも種々な變化の仕方があつて、雙刀を同時に使用する形もあるから、一概にそうとは云へないが、下段の刀法の基本形式は右の如きものであるから、練習には先づこの刀法によつて下段を學ぶべきである。

又、下段の構は、戰ひ中時々生ずる形であるし、敵と出會ふ時にも、有り得る形なのだから、當然稽古して置かねばならぬ構である。武藏は能くこの構を用ゐた。

(4) 右脇の構

右脇の構は、太刀を我右の脇へ横にして持つ構である。そして敵が打ち掛けて來たら、敵刀をはり上げるやうにして受け止め、そのまま斜めに上段へ引き上げて、直に敵へ斬り卸すのを定法とする。

この時、小劍の方は、大劍に添へて右脇へ置くこと挿繪の通りであるが、時と場合により中段へ置いても差支はない。要は孰れの場合でも大劍の動きと同一に動くことを條件とする。そして小劍は主として敵刀を受け支へる役をするのであるが、それも強て敵刀を受け止めると云ふために働くのではなく、むしろ大劍の運動を邪魔しないために動き、序に敵刀を遮ると云ふ程度のものである。併しこの所の呼吸は一寸デリケートだから、實際に太刀を握つてやつて見なければ、合點し難いだらう。よく練習してその呼吸を呑込むべきである。

(5) 左脇の構

左脇の構は、太刀を左の脇へ横たへて構へるのであるが、この場合は小劍を必ず大劍と同様左脇へ構へねばならぬ。その意味は大劍の影に添ふて小劍が働くと云ふ意味なのである。そこで敵が打ち掛けて來たら、大劍で敵の手を下からはり上げるのだが、この時、敵が我大劍の攻撃を避けるために身を退けば、そのまま大劍を上段へ振り上げるが、もし敵が、我はり上げた太刀を打ち落さんとした場合は、はり上げる太刀の動きをその儘我右肩の上へ斜に引き上げるのである。そして直に太刀の刄峰を返せば、それは其儘上段の構と成り、敵を斬り卸すことが出來ると云ふ寸法なのである。

従つてこの場合の小劍は、大劍の動きの跡を追つて同時に動くのであるが、大劍が上段へ上るに伴つて小劍も上段の位置へ進めねばならないから、その動かし方には多少の呼吸が必要である。で練習にはこの點に留意して、その呼吸の程を工夫すべきである。

五つの構は以上述べた如きものであるが、諸君はこの話に依つて、二刀流の劍の振り方が、常に構へから構へと動くことを明に了解されたと思ふ。だがその半面において、諸君は又、この話から左右二つの脇構が何故必要なのかと云ふ疑念を生じたかも知れない。何故なれば、左右二つの構は孰れも一方へ偏した構であつて、そのため太刀の動き方が敵に知れ易い缺點を有つてゐるし、武藏はこれ等の構を「誘ひの構」だと稱し、「上と左右の孰れか一方が詰つた場所で用ひるもの」と説明してゐるが、實際問題として、そんな場合があり得るかどうかも疑問だからである。例へば假に、右脇が詰つてゐる場合に就いて考へて見ても、この場合は左脇へ劍を横に構得るだけの空間が隙いてゐるのだから、その方へ身體の位置を移せば、右脇の詰りは無くなる譯だし、左脇が詰つてゐる場合も同樣の意味で、反對に右脇の隙いてゐる方へ身體を移せば、左脇の詰りは除かれる譯だ。又上方が詰つてゐると云つても、敵の劍をはり上げて、其儘上段へ引き擧げることが出來る程の裕取りが上方にあるのなら、上方が詰つてゐると云ふことは問題にならない筈だ。すると何がためにわざ〳〵不利な脇構などするのか、理由が解らない。從つて脇構に對する武藏の說明は一寸理解し難いが、この所は結局武藏が云つた別な言葉、卽ち「五つの構は、これに依り太刀の使ひ方を習ふにある」と云ふ意味を解し、この意味に依つて左右二つの脇構を認めて置くのがよいだらう。

要するに、二刀流に於ける構とは、敵を斬らうとする時の劍の置き場所であり、劍の運用から云へば、劍が運動を起し、その運動方向を轉換するための一種のターミナルである。そして私達にはこの事が明かに意識されるならば用は足るのである。

八、體の構へ方

剣の構へ方を述べたから、次に身體の構へ方を述べやう。

劍道においては、劍の構と共に身體の構をやかましく云ふ。然らば、身體はどう構るのかと訊ねると、「自然の體だ」と教へられる。構は自然の體か？成程と合點して、さて自分が實際に自然の體なるものに成つて見やうとすると、さあ解らない。食事をするのも、便所の時も、寢る場合も、考へて見ると皆自然の體である。すると劍を握つて敵に向ふ時も、食事や便所や寢る時と同樣で良いかと云ふことになる。併し、こんな解釋をしたら劍道における「自然の體」は目茶苦茶だ。そこで私達は、「自然の體」を更めて、それは太刀を構て敵に向ふ時の自然の體だと解釋し直さなくてはならぬ。

併し、「自然の體」と云ふ教へを、こんな風に追究してゐては、理解するのに暇が掛つて仕方がない。だから武藏は、そんな抽象的な説明はしない。彼の説明は至極具體的である。即ち顏から足の爪先まで、部分的にこまごまと説明するのだ。紹介しやう。

先づ顏であるが、これは俯向いても、仰向いても、傾向いてもいけない。その上に顏面を歪めないやうにしろと云ふのである。誰も顏面などわざ〳〵歪める者もないが、これはつまり、眞直ぐな位置を保てと云ふ意味に解して置けばよい。

次ぎは目だが、目は見開いてはならぬと云ふのだ。そのために武藏は額に皺の寄らぬやうにせよとまで云つてゐる。所で、この後が一寸難しい。即ち、眉の間に皺を寄せて目玉が動かぬやうにしなければならぬのだ。眉の間に皺を寄せたら、果して目玉が動かなくなるかどうか、一寸疑問だが、まばたきしなくなるのは確實である。そこで目を心持すくめるやうにして、麗かに物を見よと云ふのだ。この麗かに見ると云ふ意味は、clear に見よと云ふ意味である。

武藏はここで、更に目付きのことを、次ぎのやうに云つてゐる。

「目の付けやうは、大きに廣く付ける、觀の目強く、見の目弱く、遠き所を近く見、近き所を遠く見る事、敵の太刀を知り、聊も敵の太刀を見ずと云ふ事、兵法の大事也……云々」

これだけでは、何んのことかはつきりしないが、その本意は、視野を大きく廣く見、敵を鋭く觀察する半面において、又、敵の狀態から其の周圍までも展望するやうに見よと云ふのである。そして、「遠き所を近く見、近き所を遠く見る」と云ふのは、現在の距離が彼我の動きに依つて、如何に接近し、如何に遠退くかを見極めよと云ふ意味であり、「敵の太刀を知り、聊も敵の太刀を見ず」と云ふのは、敵の太刀の存在とその性質を無視してはならないが、敵の太刀にのみ目を注いでゐてはならぬと云ふ意味に外ならない。

元來、敵に向つた時の目の付けやうは、敵の顔に向けて付け、然も目の玉を動かさずに、敵の全身は云ふまでもなく、自分の左右兩脇の有様まで見へるやうに見る心掛けが必要である。併し、こんな目付きは、おいそれと出來るものではない。殊に戰ひの忙しい最中に、俄にそれを辨へることは、なか〳〵困難である。だから常の時から、この目付きになつて物を視ることに馴れて置かねばならない。

さて、右の如き目付きの次ぎは、頤を少し出す心持になれと云ふのであるが、これはうなじに力を入れさせるためである。そして、肩から下は總て均等に保ち、兩肩を下げて、背筋を正し、尻を出さぬやうにして、膝から以下、足の先まで力を入れて腰がかがまぬやうにする　左右の兩足は、ひつついてはいけないが、開き過ぎるのは尙いけない。大體の開き方は自分の顔の幅位が適當である。そして、身體の重力を左右の足へ平均にのせ、左右の孰れへでも直ぐ動けるやうに心掛けるのである。一本の劍を兩手で握る人は、この場合左右の足を前後に開いて置くのを定則のやうにしてゐるが、二刀流では足を前後に開いて置くことは禁物だ。これは兩手に二本の劍を持つ關係上、體勢が左右の孰れに偏つても不利を生ずるからである。それから又、「くさびを締めると云つて、脇差の鞘に腹を凭せて帶のくつろがざるやうにせよ」と武藏は云つてゐるが、今日では脇差など差さないから、これは腹を張つて脇差の替りに帶へ凭せるやうにすれば同じ效果をあげることが出來る譯だ。

武藏が敎へる體の構は、以上の通りであるが、何故彼がこんな體構を敎へるかと云ふと、それは身體と心の働きを冷靜に維持せしめ、以つて敵の動きに對する正確な判斷と敏捷適切な活動をなさしめんがためである。實際又、ここに紹介した通りの身構を以つて敵に向つて見ると、意外にそれが有效なことを、私達は識ることが出來るのである。

とは云ふものの、忙しい太刀打ちの間に身を置いて、右に述べた通りの身構を維持し續けることは、餘程の修業を積まないと出來ることではない。殊に眞劍を振りかざし、一命を賭しての實戰場裡に、この身構を見失はぬやうにするには、平素の起居振舞にもこの身構を忘れないと云ふ程になつてゐなければ駄目である。それ故、劍の修業においては、劍を握る時の身構がそのまま日常の身成りとなり、日常の身成りがそのまま劍を握つた時の身成りになることを理想とする。これ劍道に於て、「身體の構は常の身に變ることなし」と敎へ、又「自然の體」であると云はれる所以である。

で劍道が愈々隆盛になつて、達人上手が雲の如く排出するやうになると、世の中は何ちらを見ても、眉間に皺を寄せた目の玉を動かさない顔ばかりと云ふ社會の偉觀を現出することになるは必定だ。

九、心の構

構を劍の構・體の構と分けて述べた以上、心の構を述べねばならぬ

さて、心の構と云へば、何んとなく嚴に聽えるが、それ程改まつた事柄がある譯ではない。それはむしろ、劍を握つて敵に向ふ時の心の持ち方と云ふ程度の意味なのである。

では心の持ち方は如何にするか。ここでも劍道は亦、「常の心」だと教へる。武藏もその通りに云ふ。だが「常の心」と云つたのでは、前に述べた「自然の體」と同樣一向要領を得ない。そこで私達は更に具體的な説明を要求することになるが、幸ひ武藏はこの事に就いても彼一流の解説を試みてゐる。

武藏によると、心の持ち方は、緊張し過ぎてもいかぬが、少しの緩みがあつてもならぬと云ふ。これは、緊張し過ぎると心の作用が硬化して働きが惡くなるし、緩めると働きが鈍くなる

からである。次ぎは心の偏ることを嫌ふ。心が偏ると、偏つた方面だけに働き、全體に向つて働かないからだ。

かくて心の內（これは意識を指すのであるが）を出來るだけ廣汎に保ち、澄み切つた狀態に整へて、そこへ智慧を働かせるのである。武藏はこの智慧のことを、「天下の利非を辨へ、物事の善惡を知り、萬の藝能にもその道々に亘り、世間の人に少しも騙されぬやうにして始めて劍道の智慧となる」と云つてゐるが、これは智慧の磨き方についての理想を云つたのであつて、天下の利非を辨へるなどは、話が大き過ぎて實際にやれることではない。殊に戰には戰ひの智慧卽ち專門的な智慧が最も必要なのだから、これを疎にして、他の諸藝に亘り步いてゐたのでは、實際に役立たない。そこで私達は要するに、敵に騙されぬやう、又戰における利害の總てを見誤らぬやうに、自分の智慧を平素から磨いて置くことである。

そして戰の場に臨んだら、敵も動かず我も動かぬやうな靜かな時も、心の働きは靜止せず、敵も動き我も動くこと如何に早き時も、心は早からず、心に用心して、身は用心しないのが理想である。これを武藏の言葉で云ふと「心は體に伴れず、體は心に伴れず」と云ふ所だ。そして、心の働きが不足せぬやうに氣を附け、判斷を誤らぬことが大切である。

又、敵の太刀を受けたり、外したり、張り除けたりする時の心は弱くても、敵を斬ると云ふ目的に對する心は強く持ち、戰の場が如何程忙しくても、劍道の道理を辨べて動きなき心を修得しなければならぬ。尙又、自分の心は露程も敵に見分けられぬやうに心掛けることが肝要である。武藏はかくて、「小身なものは、心に大きなる事を殘らず知り、大身なるものは、心に小さきことをよく知つて、大身も小身も我身のひいきをしないやうに」せよと戒めてゐる。

一〇、太刀の打ち方

ここに述べる太刀の打ち方とは、敵を斬る時に用ゐる太刀の振り方である。

大概の人は、刀さへ振りまわせば、敵が斬れるやうに思つてゐるかも知れないが、實際にやつて見るとそうは行かない。敵も一通りは動く身體と心の持主である。受けもすれば、外しもする。そこで、受けられたり、外されたりしないやうに敵を斬らうとすると、太刀の打ち方を工夫する必要が起る。

所がこの場合、初心の者は、敵に受けられたり外されたりするのは、自分の打ち方が遲いからだ、早く打ちさへすれば必ず斬れると思ひ勝ちである。無論、早いのは遅れるより良いに違ひない。併し、如何に早く打てばとて、太刀を振る腕の早さには程度があるし、又、凡そ自分が動く程の早さには敵も動く筈であるから、只單に早く打つだけでは敵を斬ることは出來ぬものである。では太刀は如何に打つべきか。武藏は、これに答へて六種の基本的な打ち方を教へてゐる。

(1) 一拍子の打

一拍子の打ち方は、敵と自分との間隔が、我太刀も敵へ届くし、敵の太刀も我へ届く程の距離に這入つた時、敵が未、太刀を退こうとも、外そうとも、打ち掛けやうとも思ひ定めない狀態にある時を狙ひ、我身體にも心にも、少しも打つと云ふ氣振りを現さず、突差に早く眞直ぐに打つのである。これを何故一拍子の打と稱ぶかと云ふと、二刀流では、太刀でも身體でも總て一と動きを一拍子と見做すからである。從つてこの拍子は音樂で云ふ一拍子とは意味が違ふ。太刀の動きには早い動きもあれば遅い動きもあるが、如何に早くても、音樂のやうに、1/2拍子だとか1/6拍子などとは云はない。即ち、それはタイムを意味するのではなく、動作を意味するからだ。この拍子の打は、上段又は下段から敵を打つに適するもので、戰ひ中、しば〱出合ふ所の打ちであるが、敵の心が無爲の狀態にあることを速に觀破することと、その心の狀態が變らぬ間に早く打つ事を習ふ必要がある。

(2) 二拍子の打

二拍子の打とは、打ち懸けた太刀を途中で一寸休止させせて、再びその續きを打つ打ち方である。武藏はこの打ち方のことを「二のこしの拍子」と云つてゐるが、現在では簡單に二拍子の打ちと稱ぶことになつてゐる。

この打は、我方から敵へ打ち込もうとする時に、敵がそれを知つて、早く受け外そうとしたり、又早く張り除けやうとする動作が見へた時、用ふる打ち方で、この場合の我太刀は、敵へそのまゝ打ち込むと見せて打たず、敵が受け外して緩んだ所を、或は張り終つてたるんだ所を颯と打つのである。

この打ち方の難しい所は、最初の打ち懸けで、太刀を一時止める點であるが、これは練習物であつて、練習を積めば樂に打ちこなせる。そしてこなして終へば實に意のまゝに打てるから、その有效なことは驚く可きものがある。

(3) 無念無想の打

無念無想の打と云ふ名は、一般にもよく知られてゐる。そこで大概の人は、無念無想の打ちさへすれば、如何なる場合でも、又どんな敵でも斬れると思つてゐるらしいが、實際はそうでない。この打ちを用ふるには自ら條件がある。卽ち、敵も我もお互に相手が打つて來るのを待つ氣持のある時に用ふるのだ。その打ち方は、互に敵の太刀を待合ふ氣持の間に、我のみ颯と氣を整へて、身體も打つ身となり、心も打つ心になつて、太刀は何時打ち始めたともなく、自然に打ち出し、後早に强く打つのである。

この打ち方で打つと、大概敵は萎縮して終つて無抵抗の狀態に陷り、我劍の下に他愛もなく粉碎されるのが常である。從つて、この打ち方は、劍道においては非常に重視される所のものであり、武藏も「一大事の太刀也」と云つてゐる程である。

(4) 流水の打

流水の打とは、敵と我との間が接近して、お互の太刀が嚙み合ふ程になつた時、敵があせつて早く退かんとし、早く外さんとし、早く張り除けんとする有様が見えた時に用ふる打ちである。打ち方は、敵のそうしたあせりに頓着せず、自分だけ身體も心ものび〳〵とした大きな心持になつて、太刀を自分がのび〳〵となつた後から、裕々と如何にも淀みあるやうに大きく強く打つのである。

この打ちのこつは、敵の太刀と我太刀とが嚙み合ふ程の時に、颯と心の轉換を行ふ呼吸にあるが、その呼吸さへ呑み込めば樂に打てるものである。只注意しなければならぬのは、敵の太刀がその時、何處に位置してゐるかを見分け、その太刀が邪魔しない所を打つやうに心掛けることである。でないと、敵の太刀に邪魔されて、切角打つても無効に終ることが多い。

(5) 緣のあたり

緣のあたりと云ふのは、我方から打ち掛けるに、敵が受けたり、張り除けたりする場合、我は打ち掛けた太刀を止めず、直に太刀の方向を變じて、我太刀の運動し易い方へ走らせ、敵の身體の何處なりとも、當てよい所へ打ち込むと云ふ打ち方である。

この打ちは、一寸二拍子の打ちの如く思はれるが、打ち掛けて中途から太刀の方向を變へる心の働きが二拍子に見へるだけで、決して二拍子の打ちではない。太刀の運動は全く一拍子である。併し、一拍子の打と異るのは、太刀の運動方向が、敵の妨害に依つて變る點である。

この打を、武藏が何故、「緣の打」と稱ばず、「緣のあたり」と云ふかと云ふと、最初は打つ目標を定めて打ち出すが、後は確な目標があるのではなく、只太打の進みよい方向に委せて當てよい所へ當てるに過ぎないからである。武藏は打つと當てるの相違を次ぎの如く云つてゐる。

「打つとは、打たんとする目標に向つて確に打つことであるが、當てるとは、大體この方面と云ふ期待はあつても、此處と云ふ目標は定つてゐない。從つて、如何に強く當り、そのために敵が忽ち死ぬ程であつても、當るは單に行き當る程の意味しか有たぬ。だから當ると云ふ打ちは、これで敵を斃そうとするのではない。當つてその後を強く打たんとするために用ふるものである」そして、彼は更に「當るは、さはる程の心也」と附言してゐる。

武藏のこの言葉で知れる通り、緣のあたりは、この一擊で敵を斃すのが目的ではない。先づこの打ちを敵に與へ、次ぎに敵を斬り斃すにある。戰ひの最中、常に必要が起る打ち方であるから、平素からよく打ち習つて、細部の呼吸までも呑み込んで置くべきだ。

(6) 石火のあたり

石火のあたりとは、敵の太刀と我太刀とが劍先を交叉する程に接近した時、我太刀の先を少しも揚げず、そのまゝ強く打つ打ち方である。この場合は、足も強く踏み進め、身體も強く出向き、手も強く押し、この三ケ所を以つて早く打つのである。併し、敵の何處を打つと云ふ確な目標を定めて打つのではない。我太刀の位置と敵の狀態によつて、只當る所を打つのである。これ「石火の打」と云はず「石火のあたり」と稱ぶ所以だ。

この打ち方は、誰にも打てるが、問題は、強く打てるかどうかである。始めはなかく強く打ち難い打ち方であるから、よく練習して強く打てるやうにして置かねばならぬ。

以上六つの打ちは、大劍で打つ時も、小劍で打つ時も同樣に用ゐるのであるが、これ等は、總て太刀を上から斬り下げる時の打ち方で、下から斬り上げる時の打ちではない。尤も一拍子の打、二拍子の打、緣のあたり等は、下から斬り上げる時にも用ひるが、この場合は打つのではなく、當てるのである。この點誤解なきやう注意しなければならぬ。
所で、これ等六つの打ち方の他に、特殊なものとして「紅葉の打」と云ふのがある。

(7) 紅葉の打

紅葉の打ちとは、敵の太刀を打ち落すのに用ふる打ち方である。落ちる敵の太刀を紅葉に譬へた所、武藏もなか〳〵風流人だが、その意味から云へば「落葉の打」とでも稱ぶべきであらう。この打ち方は、敵が太刀を前へ構へながら、さて打うか、受けやうかなどと思ひ迷つてゐる時、突然、こちらは無念無想の打ち、又は、石火のあたりを以つて、敵の太刀の上から强く打ち、打つた後をそのまゝねばる氣持で再び切先下りに打ち下げるのである。こゝで云ふ「ねばる」とは、我太刀の刀身全體を押しつける氣持ちを云ふのである。

以上の如き打ち方で打つと、敵の太刀は枯れ枝をもぎ取るやうに苦もなく手を離れて落ちる。現在でも、手のかれた劍士達は、盛んにこの打ちを用ゐてゐるが、戰ひには實に有利な打ちだから、稽古すべきである。

二刀流においては、現在でも、以上述べた太刀の打ち方以外は行はない。これは、流儀の教へに忠實なるためではなく、實際に劍を握つて敵と打ち合つて見ても、これ以外の打ち方で有力なものが發見されないからである。この點について不審を懷かれる讀者は、自ら劍を取つて振つて御覽になれば得心が行くことと思ふ。

一、太刀の突き方

太刀は、元來斬るやうに造られてゐるが、劍先に與へられた鋭さは、敵を突き刺すに充分である。この事から劍の用法に突きが考へられるのは當然だ。

所が、こゝに問題となるのは、斬ると突くのとは、孰れが効果的かと云ふ事だ。だが敵を斃すといふ目的から云へば、斬るのも突くのも効果は同一である。從つてこの兩者に比較論が起るとすれば、それは斬るのと突くのとは、孰れがやり易いかと云ふ點であらう。

突くは斬るより速いと云ふ人がある。だが、それは太刀の位置によつて異る。例へば、上段へ振り上げた太刀で敵を突こうとすれば、振り卸してから突かねばならぬから、この場合は、振り卸すのが一拍子、突くのが一拍子、都合二拍子のモーションとなり、斬るより一拍子遅れる。所が中段にある太刀は、そのまゝ突けるから、この場合は一拍子のモーションであり、太刀の運動距離が斬るよりも短いから、それだけ速くなる。殊に、突くモーションは斬るモーションに比して敵が感附き難い關係上、一拍子で突き得る時は、斬るより樂である。又、腕の疲勞度から云つても、斬るより突く方が樂である。だから劍技に長じた劍士達は、稽古の時、この手を多分に使ふ。

併し、突き出す劍は、斬る劍に較べると、刀身の安定性が脆弱である。劍先を一寸押へられても直ぐ狙ひが狂つて終ふ。殊に二刀流の如く片手で劍を使ふ場合は、兩手で劍を握る場合よりも、その安定性は一層脆弱だ。そのためかどうかは解らぬが、武藏は、突きを餘り重視してゐない。彼に依ると、突きは「上詰り、脇詰りたる所などで、斬ることとなり難き時」或は「我くたびれたる時か、又は刀の斬れざる時などに、此儀専ら用ひるなり」と云つてゐる。

だが突きの用法は、あながち武藏が云ふやうな場合のみに限られてゐるのではない。戰ひの最中、敵と我との變化に依り、斬るよりも突く方が有利な場合は幾らもある。斯様な時は突くのが劍の正道だ。例へば、敵と打ち合つて、我太刀が多少でも敵の劍を張り除けた時などは、そのまゝ突き入るべきである。わざ〳〵振り上げたり、振り戻したりして斬るものではない。

そこで問題は、劍の突き方であるが、何しろ刀身の安定性が、前に述べた通り脆弱なのだから、これにも相當な技巧が必要である。かくて二刀流は、次ぎの如き三種類の突き方を考へ出した。

(1) 振り突き

振り突きと云ふのは、太刀を振り付けて突くのである。これは我太刀が上段へ上つてゐる時、敵が打とうか受けやうかと迷つてゐる樣子が見へた場合、或は我太刀の打ちを敵が後へ身を退いて避けやうとする氣配が見へた場合に、斬るやうに見せて我太刀を振り卸し、突きよい場所で劍を止めて、そのまゝ直ぐに突くのである。

この突き方は、云ふまでもなく二拍子であるが、突かんとする場所へ、振り卸すのと突くのとが殆んど瞬間の差しか有たないから、結果は一拍子のモーションと變らない。殊に劍先は斬る太刀と同樣の安定性を有つから、練習さへ積めば實に突き良いものである。併しこの突きで特に注意しなければならないのは、太刀を振り卸す時に腕を延しきらぬやうにすることと、我劍先が敵へ屆き難い如くに振り卸さねばならぬ點である。そのため我太刀は無暗に早く振り卸してはならない。敵が我劍先を確に見得る程度の早さで淀みなく振り卸すのである。このやうにして振ると、敵は自分の鼻先を走り下る劍先に對し危險を感じないのみか、それを脱れたと云ふ安心感すら懷くものだ。そこを目掛けて突き掛けるのである。このこつさへ覺へたら、この突きは百發百中だ。

(2) 直心の突き

直心の突きとは、我大劍が中段にある時、敵が打ち掛けたら、我太刀の劍先を下げ、劍の峰を敵によく見せるやうにして眞直ぐに引き取り、そのまゝ劍先がゆるがぬやうに敵の胸を突くのである。

この突きは、敵へ刀の峰を見せる所に、こつがある譯だが、峰をよく敵に見せると、敵の注意力は、劍先の鋭さよりも、刀の峰の氣安さへ移つて、警戒心が緩むから、そこを狙つて突くのである。だから機を失しては駄目であるが、熟練すると、敵が中段へ太刀を構へてゐる時でも突くことが出來る程である。

(3) 突き揚げ

突き揚げとは、その名の如く、下から突き揚げるのだが、この突きは、突くのが目的ではなく、敵を牽制するのが目的である。從つてこの突きは、劍先が敵へ觸れる程度の氣持ちで突き揚げたら足るのである。卽ち、突いて敵のわざを牽制し、敵が竦む所を斬るために外ならない。戰ひ中、しばしば出會ふ突きであるが、突き方に就て、特別な技巧はない。

併し乍ら、こゝに述べた三つの突きは、實は突き方の基本形態であるから、實戰に用ひる時は、敵の位置や、拍子の緩急に應じて、適宜變形することを忘れてはならぬ。

所が、この突きの効力を極度に變形し、應用したものに、面をさすと云ふ事がある。

(4) 面をさすと云ふ事

面をさすとは、敵と我との間が接近する場合は常に、我太刀先を敵の顏に向けて付け、突く如くに見せ掛けることである。このやうに仕向けると、敵の注意は自然に我劍先へ注がれて、他の事を忘れ氣味になるものである。武藏は敵のこうした狀態を、「敵が我太刀先に乘つた」と云つてゐるが、敵が我太刀先に乘つたら、最早や勝利が約束されてゐるのも同じである。卽ちこの場合は敵を思ふやうに操縱出來るからだ。それ故、面をさすと云ふ心掛けは戰ひに大切な事柄である。

一二、太刀の受け方

太刀の受け方と云へば、敵が斬つて來た時、その太刀が自分へ當らぬやうに受け止めることだと、思はれ勝ちであるが、敵が斬りつけて來る太刀を、單に受け止めるだけなら、何も受け方など兎や角云ふ必要はない。斬つて來る敵の太刀と自分との間へ、我太刀を橫にして邪魔すれば足る譯だ。それが難しいと云ふなら、身を退いて逃げる手がある。この手を用ひたら、敵が如何なる大劍客であらうと、腕前は最早や問題でない。脚の早い方が勝である。併し、これでは敵から脫れる事は出來ても、敵を斬ることが出來ない。太刀を握つて敵に向ふからは、敵を斬るのが目的である。だから、敵の太刀を受けるにしても、單に受けると云ふだけではなく、受けた後で直ぐ敵を斬りよいやうに受ける事が望ましい。言葉を換へて云へば、敵の太刀を受けるのは、自分が後手に廻つたことを意味するが、受けた瞬間から次ぎは、自分が先手となるやうに受けるのが、太刀の受け方の本意である。

では、先手になるやうに受けるのは、何うしたらよいか。これに就て、二刀流では先づ三つの受け方を敎へる。

(1) 流し受け

流し受けとは、敵が打つて來る太刀を受けるのに、我太刀の先を、敵の目に差し向けて、敵の太刀を我身の右肩へ引き流すやうに受けるのである。そしてこの受け方から攻擊に轉ずる時は、受けた太刀でそのまゝ突き入るか、又は石火の打ちで斬りつけるか、孰れかの方法を採るのである。

併しこゝに注意すべき事は、敵が片手で太刀を斬り込んで來た時は、大劍のみで受け流して差支ないが、兩手で太刀を振りつけて來た場合は、二刀流は片手で太刀を使ふから、大劍のみで受けると、刀身を押し崩される危險がある。それ故この時は、左手の小劍を我大劍の刀身へ輕く添へ、敵へ向けた劍先が崩れないやうに支へつゝ受けるのである。そして突くには其儘突き入れればよい。

(2) 突き受け

突き受けとは、敵が斬り込んで來る時、その太刀を突き戻すやうに受けるのであるが、この場合の我太刀は、大劍の先を敵の目へ向け、小劍を大劍の中程へ下から十字に組み添へ、組んだ十字の交叉點で敵の頸をはさむ氣持ちに突き出して受けるのである。

そしてこの受け方から、敵へ攻擊するには、組んだ小劍を外して斬り込むのが定法だ。

(3) 入身の受け

入身の受けと云ふのは、敵が打ち掛けて來る時、我大劍で敵の太刀が只止まる程度に受け止め、受ける大劍にはさのみかまはず、小劍の刀身を垂直に立てて、それを握つてゐる左拳で敵の頰を突くやうにして入込むのである。

この方法で入込むと、敵の注意力は我左の拳に集注され、それと同時に敵は距離の測定に錯覺を起すから、まことに入りよいものである。

以上三つが、二刀流の太刀の受け方であるが、これ以外に二刀流は太刀の受け方を有たぬかと云ふと、そうではない。實はこれ等三つの受け方は、敵が我正面又は右側寄りに攻擊して來た時の受け方で、左側を攻擊して來た時は用ゐることが出來ないのである。では敵が左側を攻擊したらどうするか。その時は左の小劍のみで受け止めるのである。だがこの場合の受け方は、それこそ單に受け止めるだけだ。小劍の動きは素捷いから、只受けるだけなら、實によく止まる。そこで受ける小劍はそのまゝにして、大劍で直に斬り付けるのだ。事實、敵が左側を攻擊して來た時程、二刀流にとつて都合の良いことはない。それは敵が斬られに來るやうなものである。だから心得ある敵は、二刀流の左側を攻擊しない。これ卽ち二刀流が、左側の受け方を重視しない所以である。

とは云ふものの、道場の試合で、二刀を持つた劍士が、敵に左の面や胴を斬られて參つて終ふ圖はいくらもある。これは如何なる譯か、參考のために話して置こう。

元來、小劍は大劍に較べると動きが敏捷である。これは劍の重量が輕いからでもあるが、最大の原因は刀身が短いことに依るのである。何故なれば、刀身が短くなればなる程、手首の動きが樂になるからだ。所が、この動きよいと云ふ事が、初心者にとつて悪い結果を齎すのである。即ち敵が打ち掛けそうになると、早く受けやりと思ふから、小劔をピリつかせて終ふ。すると敵は直ぐ小劔の手癖を見分得るから、癖の逆を狙つて樂々と左の胴や面を打つことになるのである。簡單に云へば、二刀を持ち乍ら、敵に左側を打たれるのは、小劔を餘り動かし過ぎるからだ。

小劔は、如何に輕くても、チョカ〳〵動かすものではない。小劔も大劔と同樣、如何にも重々しく持つものであり、敵が打つて來ても、急いで受けるやうなあわて方はせず、敵の太刀の拍子に合ふやうにがつちりと受けるものである。この場合、急いで受けると、小劔の動きが敏捷なため、敵の太刀が當るよりも先に受けて終ひ、敵の太刀が當つた時は、肝心の拍子が拔けてゐると云ふやうな悪い結果になる。小劔で敵の太刀を受けて、刀身が押し崩されるのは、皆拍子の狂ひが原因である。この事は、小劔を使ふ上に特に注意すべき事柄である。

この他、二刀流の受け方には、尙特殊なものとして、「張り受け」と「粘り掛け」との二つがある。

(4) 張り受け

張り受けとは、我打とうとする時、敵も亦打ち掛けやうとすると、互の太刀がドタ／＼となつて來るものである。それを避けるために、敵の打つ太刀を我太刀で張り合せ、そのまゝ直に敵へ斬り付けるのである。從つて、この場合は敵の太刀を受けるのではない。だが打つのでもない。只敵が打つて來る太刀に應ずる程度で我太刀を張り合せるのである。そして張り合せるや否や、直に敵へ斬り込むのである。云ひ換へると、敵の太刀を張ることに先を取り、續いて斬ることに先を取るのが本意なのである。

この場合の注意は、張り合はす時の拍子である。張る力は強くなくても拍子さへ合へば、敵が如何に強く打つて來ても、少し張る氣持があれば、我太刀先を敵に打ち崩されることは絶對にない。

(5) 粘り掛け

粘りを掛けるとは、我打ち掛けるのを、敵が受け止めたら、そのまゝ我太刀を敵の太刀に付けて、粘る氣持ちで敵へ入り込むのである。この場合の粘り方は、我太刀が敵の太刀に馴れ切らぬやうに、又餘り強くない氣持ちで這入らねばならぬ。

敵の太刀に我太刀を付けて、粘りを掛けて入る時は、どんなに緩る〳〵這入つても差支はないが、注意しなければならぬことは、自分の太刀が果して粘つてゐるかどうかと云ふ點である。自分は粘つてゐる積りでも、實際はもつれてゐることが多いものだ。同じやうに太刀は付けてゐても、粘ると纏れるとでは大いに違ふ。粘るは強く、纏れるは弱い。よく見分けることが肝要である。

一三、身體の動き方

今までに述べたのは、主として劍の使ひ方であつたが、實際の戰ひは劍ばかり働かせたのでは駄目である。敵を斬るには斬りよいやうに身體を運ばねばならぬし、受けるには受けよいやうに身體を動かさねばならぬ。卽ち劍の働きと身體の動きとは對のものである。從つて、私達は身體の動き方に就いて語らねばならぬ。

さて、戰ひの場における身體の動作には前進、後退、左右への移動等があるが、敵の太刀を受け、敵を斬るに、上半身だけを曲げたり、歪めたり、退けそつたり、横に泳がせたりするものではない。こんなことをすると、體勢が崩れて太刀が自由に振れなくなるからだ。無論、時と場合で多少は動かしもするが、それは體勢が崩れない範圍においてである。從つて上半身の動きは實に僅かなものだと云へる。では離れた敵を斬り、延びて來る敵の太刀を除ける場合などに必要な身體の大きな動きは如何にして行ふか。云ふまでもなく、それは足で動くのである。

戰における身體の動きは、殆んど足の動きである。その動き方により、身體の位置は、前進もすれば後退もし、左右の移動もすれば方向も變る。そこで、問題は足の使ひ方であるが、足の使ひ方如何は、又直に上體の態勢に大きな影響を及ぼすものであるから、足は上體のコンディションを惡くしないやうに使ふことを原則としなければならぬ。二刀流は、それ故、足の使ひ方を次ぎのやうに敎へる。

足の使ひ方は、時により大小遲速はあるが、如何に速い時も、又如何に小動きの時も、片足のみは動かさぬものである。必ず右左の兩足を動かす。武藏はこの事を「陰陽の足」と云つてゐるが、その意味は、踏み出す足が陽で、それに從ふ足が陰である。斬るも、退くも、受けるも、除けるも、總て足使ひは左右の二つを踏む。つまり太刀の一と動きに對し足は二つ踏むのである。何故このやうに、二つの足を踏むかと云ふと、片足だけ動かして太刀を振れば、身體が延びきりになつて次ぎの動作に不足が生ずるからである。又足を二つ動かすのは、足を繼ぐと云ふ精神に基いてゐる。卽ち左右の二つを動かせば、その次ぎが直ぐ踏み出せるからである。

さて、足を斯樣に二つづつ踏むとすれば、これは平素歩む足と變りがない。從つて浮足、飛び足・跳る足、踏みつめる足などは禁物である。何故これ等の足を嫌ふかと云ふと、浮足は、身體の動きを敵に見分けられ易いし・飛び足は飛ぶ時と飛び終りとに、居付く氣持ちがあるし、跳る足は只跳るあがきだけで、實際ははか行かぬものであり、踏みつめる足はそのまゝ居付いて終ふ不利があるからだ。殊に實戰は、沼地、山地、川の中、石原、細道等の難所でも敵と斬り合ふものであるから、飛んだり跳たり出來ないことが多い。從つてこの種の早足は平素から使はぬやうに心掛けるにしくはない。

武藏は云ふ。足の使ひ方は「常の道を歩むが如し。敵の拍子に從ひ急ぐ時は、自分の體の位置に基き、たらぬことなく、餘ることなく、足のしどろにならぬやう心掛けねばならぬ」又「足を運ぶには、つまさきを少し浮かし、踵を確に踏むなり、足場如何に難所にても、かまはず確に踏むべし」と。まこと、敵の心も知らず、無暗に早く掛かつて行くと、拍子違ひがして思はぬ失敗を招くだけである。

併し、足を靜に動かすことのみが能ではない。足を靜に動かしてばかりゐては、敵にうろめきが出て崩れると云ふ機會を見出すことが出來ぬ。それは勝てる機會を逃がし、勝負を徒らに長引かせる愚をおかすものだ。それ故、敵をうろめかし、敵を崩すための早足は用ふべきである。そして敵を少しでも寛がせぬやう仕向けることが肝要である。

この他、足の使ひ方について、他流には、前進は右足からせよとか、後退は左足からせよなど、喧しい敎へがあるが、二刀流にはそんな敎へはない。右足から出やうが、左足から出やうが、その場次第で勝手である。これは左右に二本の劍を持つ關係もあるが、根本の理由は武藏が「敵を打つ時は、太刀も身も同時に打つものではない。時としては、身を動かさず、太刀のみで打つことはあるが、大概は、敵が打つ緣に從ひ、身體をまづ打つ身に成り、太刀は迹から打つものである」と敎へたことに依るのである。何故なれば、この敎へに從ふと、太刀は身體が整つてから振ることになり、それに先立つ足の動きは、さのみ關係がないことになるからである。

武藏が、「太刀と身體を同時に打つものでない」と敎へたのは、太刀と身體を同時に動かして打つと、太刀と身體が一つになつて居付いて終ふから、もし敵にたくらみがある場合、そのたくらみに應じることが出來ないからである。

さて、足の使ひ方に就ての話はこの位にして、次ぎは、身體の使ひ方を述べやう。

敵へ劍を用ゐず身一つを以つて立向ふとすれば、その手段は、敵の太刀內へ我身を突進して行くより他にない。即ち、敵が打ち掛けて來る前に素捷く入り込むにある。

然らば如何にして入り込むか。武藏は「手にて受け合ふ程の間には、身も入り易きものなり」と云ひつゝ、その方法を次ぎの如く敎へて呉れる。

即ち「敵へ入り込むに、手を出そうとする氣持ちがあると、身は必ず遠退き、這入ることが遲れるから、兩手は無きものと思ふことが肝要である」又敵へ入るには「我身の縮まぬやう、足も延べ、腰も延べ、首も延ばして、敵と身丈を較べるに、較べ勝つと思ふ程高くなつて强く入るべし」と。

これは、延びく／＼とした我態度を敵に見せることに依り、敵の判斷力を休止せしめる心理作用を活用するものに外ならないが、實際やつて見ると、思つたより樂に行くものである。

かくて武藏は、敵の身際へ這入つたら「敵へ足腰顔までも、隙間なく付ける」ことを強要する。その理由は「付かぬ所があると、敵が色々わざをする」からだ。一體、敵の太刀內へ這入る時は、誰でも顔と足だけが早く這入つて、腰は退き勝ちなものである。武藏はそれを戒める。そして「敵の身へ我身をよく付けて、隙間のないやうにすれば、肩から腕までは役に立つが、手は役に立たぬものなり」と諭してゐる。これは拳鬪で云ふクリンチの狀態と同じ意味であるから說明するまでもあるまい。

さて身體の使ひ方の最後は、「體當り」である。これは一寸角力の頭突きに似てゐるが、劍道では頭をぶつけないで、肩をぶつけるから、要領は多少異ふ。一刀を使ふ劍士は大概、右肩を前にしてぶつかるが、二刀流は左肩でぶつかるのが定法である。武藏は云ふ。「少し我顔をそばめ、左肩を出して、敵の胸へ當れ」と。何故二刀流は、このやうに左肩で當るかと云ふと、それは右に大劍を持ち、左に小劍を握る關係上、二刀流を學ぶ者は皆左側面を敵へ曝らすことに馴れてゐるからである。

當り方は、我身を大いに強くして、敵と行き合ふ拍子に、頭とはづむ氣持でぶつかるのである。武藏は、「この入り方を習ひ得たら、敵二三間も跳退く程强く當る」ことが出來ると云ひ、更に「敵が死ぬ程も當るものなり」と云つてゐる。事實、彼は生涯幾度かの仕合において、この體當りを用ひ、或る時などは、敵を天國まで跳ね飛ばした經驗を有つてゐる。

一四、打ち合の利

これまで述べたやうな劍の用法を、一と通り心得て、敵に向ひ太刀を打ち掛け、或は敵の打つ太刀を受けはづして、打ち返すに、敵も亦、よく劍の變化に應じて受けはづし、打ち返して來るならば、こゝに始めて、講談で云ふ丁々發止、丁發止の打ち合が現出する。

併し、實際のことを云ふと、丁々發止の打ち合などは、想像で云ふだけのもので、實戰では、めつたに見られない圖である。何故なれば、互に敵の隙を目掛けて打ち込み、その打ち方も拍子を變へて打つとすれば、打ち合ふ內に、敵か自分かの孰れかに必ず體勢の不利が生じて來るに定つてゐる。だから大概は、二三合も打ち合へば鳧が着いて終ふか、鳧が着かなければ、不利な體勢を立て直すために、打ち合は物別れとなつて、最初からやり直しになるのが普通である。従つて、一度や二度は、受けつはづしつと云ふことはあつても、五度も六度も續け様に打ち合を繰り返すなどと云ふことは有り得ないのである。

では、連續的な打ち合は全く無いか。併し、これは云ひ切れない。と云ふ譯は、敵と我との間に、故意に打ち合を爲す場合があるからである。

何故、打ち合など危險なことを故意に行ふかと云ふと、互の劍技に無理や不足な點が發見されず、互によく受け、よく打ち返すやうな場合は、わざと敵の受けよいやうに太刀を打ち込み、相手に暇を與へないやうに、はげしい連打を續け、敵の太刀に受け癖が現れた時、突然拍子を變へて、敵の癖の虛を打つためである。例へば、敵の右と左を我太刀で交互に打ち込むと、敵はその拍子に合せて右左右左と受け止める。所が、我打ち方の拍子が常に同じであり、打つ場所も同じ場所を打つことにすると、敵は受けてゐる間に、拍子が敵の心に定つて終ひ、手の動きまでが型に鑄着いて終ふ。その鑄着くのを、我は打ちながら見極めて、不意に敵の手癖の反對面を、拍子を變へて早く打てば、敵は必ず受け損ずると云ふ理窟だ。これは丁度、ピンポンや庭球の試合における打ち合の技法と同じである。卽ち敵の打つ球を、我は常に敵の左コーナーなら左コーナーばかりへ打ち返し、敵がそれに馴れた頃合を計つて、突然反對のコーナーを突けば、敵が受け損じるか、受け損じないまでも、あわてゝ體勢を亂して総ふのと同じである。

所が、この打ち合を決行するには、自分が餘程よく、劍の道筋と打ち合ふ拍子を心得てゐないと、却つて敵に利用され、反對に敵から乘ぜられる結果となる。この點はよく注意しなければならぬ。武藏は、この打ち合の利を以つて、太刀で勝つことの利方を辨へるものだと云つてゐるが、變化多樣の打ち太刀を一つ〳〵說明することは困難であるから、劍の用法を實際に練習する場合、能く〳〵稽古して、種々な打ち合の呼吸を會得すべきである。

一五、隙とは何ぞや

劍を學ぶ者は、誰でも「劍に打たれるのは、自分に隙があるからだ」と考へる。だから、敵に打たれないために、隙と云ふ問題には、皆大なり小なり惱まされてゐる。

「僕は、小手をやられて仕方がない。何故だらう？」

「小手が隙くからだ」

「どうも。そうらしい」

と云つた具合だ。併し、この會話は、御當人同士では意味が通じてゐるらしいが、側で聞いてゐる者には、一向解らない。卽ち、隙そのものの意味が、はつきりしないからである。そこで、

「君達の云ふ隙とは一體どんなものですか」

と訊ねると、その答が大概は

「さあ……」だ。

つまり良くは解つてゐないのだ。すると、これは、隙の實質を知らずに名稱だけを口にしてゐることになるが、この事は又、隙と云ふ言葉を、その内容よりも先に覺へたことを意味してゐる。ではこの人達は、隙と云ふ言葉を何處から覺へたのだらうか。云ふまでもなく、それは講談やチャンバラ小說の類から覺へたのだ。何故ならば、古往の劍客達は、隙などと云ふ言葉は殆んど用ゐなかつたからである。

一體、劍道において、隙と云ふ名稱が使はれ出したのは、德川の中頃から以後のことである。それも大劍客と稱ばれたやうな人々は、餘り口にしなかつた言葉だ。これは彼等が隙を輕視したからではない。彼等も亦、隙の問題には大なる關心を有つてゐた。然らば何故隙の名を口に

しなかつたかと云ふと、隙と云ふやうな大雑把な言葉を以つて、この問題を云ひ表すには、彼等は餘り小細に隙の性質を知り過ぎてゐたからである。言葉を換へて云へば、彼等は、隙を非常に分析的に觀察してゐたので、隙と云ふやうな莫然たる名稱で云ひ表すことに承知出來ず、もつと實質的な名を與へてゐたのである。では、どんな名で呼んでゐたか。此處で、他流のことまで述べると話が煩雑になるから、今は武藏が呼んでゐた名稱を擧げるだけに止める。彼は「拍子の間」と云つてゐた。

隙のことを「拍子の間」と云つたのでは、この頃の人達には、却つて解らないだらう。だから、隙は隙でよい。今更、隙を「拍子の間」などと稱び變へる必要はないが、隙と云ふ場合と「拍子の間」と稱ぶ場合とでは、その内容が多少異つて來る。從つて、隙と云ふ言葉を使ふには、隙の意味内容が明瞭になつてゐなければならぬ。所が、厄介なことには、前にも述べた如く、隙と云ふ名は、劍道の專門家が作つたのではなく、講談師や講談小説家の手で作つた言葉だから、その意味内容は常識的であり、從つて漠然たるを免れぬのである。例を「寛永の御前試合」と云ふ講談に採つて見やう。

……軍刀齋は東軍流の正眼にピタリと構る。一心齋も、相手が東軍流名題の達人だから大事をとつて、これ又羽賀井流の中段に構へを付けて立ち向つた。將軍家を始め、並居る家臣達は勝負如何と固唾を呑んで見守つてゐる。併し、この邊の劍客になると、構に隙などあらう筈がないから、中々打ち込めない。互に構へたまゝ、じつと睨み合つてゐるばかり、かくてあること小半時……(中略)……軍刀齋は、如何なる隙を見出しけん、突如烈しい氣合と共に、一心齋の肩を望んで電光の如く打ち込んだり。餘りの烈しさに、さすがの一心齋も受け損ずるかと思ひの外、ひらりと體をかわした一心齋、

「エイッ！」

と叫んで軍刀齋の小手へ、目にもとまらぬ手練の早業……云々

以上は、石川軍刀齋と羽賀井一心齋との試合の一節であるが、この話の中で、私達が問題にするのは、「小半時に亘る睨み合」と「如何なる隙を見出しけん」と云ふ點である。講談では常にこの種のことを口にするが、これは隙の性質を、自然に出來るものと考へ、隙がなければ、何時迄も打つものではないと云ふ觀念に基いてゐる。併し、隙は必ずしもそうではない。武藏は、勝負を永引かすことは惡いと戒め、敵に隙がない時は、隙を作り出す工夫が肝心だと云つて、種々な方法を敎へてゐる程である。この事は、今まで述べた二刀流の劍技に關する話の中

から、諸君は既に氣付いてゐられる事と思ふが、やがて述べる戰術論の中において、一層明瞭に了解されるであらう。

實際又、比較的優長な道場の試合においても、睨み合ひは、そう長く行はれるものではない。何時までも睨み合つてゐるやうな劍士は、頭の働きが鈍い者か、修業の不鍛錬な者に決つてゐる殊に實戰となれば、行き合つたら最後打ち合ひになるものである。睨み合ひなどと云ふ事は、短時間のもので、そう長くやつて居るものではない。又やつてゐられるものでもない。だから劍道を遊戯かスポーツと思つてやる人は別であるが、生死を掛けた實戰に役立てんとする劍法、即ち眞の劍道を學ばんとする者は、平素の練習においても、睨み合ひを長くすると云ふやうな優長な癖は、努めて避ける必要がある。

所が又講談では、「わざと見せた誘ひの隙」と云ふやうなことを云ふ。話中の人物が、何時までも睨み合つてゐては、話が進行しないから、それを救ふために斯樣なことを云ふのだらうが、誘ひの隙とは、一體どんなことをするのだらうか。劍法の理論から云へば、隙は常に敵の方に作るもので、自分にわざ〳〵隙を作つて、敵に打たれて終ふと云ふことは有り得ない。從つて「誘ひの隙」とは、本當の隙でなく、只敵が打ち込みよいやうな形をして見せると云ふ意味であらう。すると、これは心の隙ではなくて、形の隙である。講談では常に形の隙ばかりを問題にする癖がある。その例を拾へば次ぎの如しだ。

上手な劍士と下手な者との試合を述べるのに、上手な方が下手な方へ向つて、

「それ、小手が隙いてゐる。と云つたら小手を庇つたな。感心々々、だが今度は面が隙いた。オヤ面を庇つたな。併し次ぎは胴が隙いた。それ！ お胴ッ」

と云ふやうな事を云ふ。或は又、

「……その構を見るに、劍の中へ身體が隱れて終つて見えない」

と云ふやうな表現を用ゐる。聞いてゐると、劍の構へ方次第で、隙が出來たり無くなつたりするやうだ。

併し、劍は楯ではない。だから如何なる名人でも、刀身一本の中へ、身體を隱すと云ふやうな藝當は出來る筈がない。もし出來たら、それは劍術でなくて、奇術である。

一體、劍を持つ場合、形のみに現はれる隙は、劍の置き場所によつて違つて來る。例へば、中段に構へると、前面からの攻擊は困難になるが、左右の兩側面は隙いてゐる。上段へ置くと、顏面から下方の前面及び兩側面は隙いて終ふ。又下段に置けば上體部が隙くし、右脇に置けば

左側と前面が、左脇に置けば右側と前面が孰れも隙くことになる。從つて、自分が劍を中段に置いてゐる場合、その小手に隙があると云ふならば、それは敵が小手を打とうとするに對し、我方の劍がその行動を邪魔しない位置に在ると云ふ意味に外ならない。だから斯樣な隙を無くするには、劍を少し横へ寄せ、腕と劍とを一直線になるやうにすればよい。それ故、この理論に基いて、身體全部に隙が無いやうにするには、敵へ對し我身體を眞正面に向けるより、半身に成つて、出來る限り對敵面を狹くする方がよいことになる。すると西洋のフエンシングの如き構へ方が、一番理想的な形だと云へる。事實又、西洋のフエンシングは講談流の考へを地で行こうとするものだ。

併し、この形の隙は、實は隙ではない。何故なれば、敵がこれ等の隙を狙つて打つにしても、そのためには必ず、敵は一動作、動かねばならぬ。そこでこちらも敵の動作に應じて動けば、これは一拍子の動きだから樂に防げる。これ即ち、「形の隙は、隙にして隙にあらず」と云はれる所以である。例へば、我方の小手が、敵から打ちよいやうになつてゐるとすれば、それは確に形の隙であるが、これを敵に打たれると云ふのは、自分が敵の動きに應じて動かないからである。即ち不注意の結果に外ならない。注意さへ怠らねば、これは防げる。だから日本の劍道では、どの流派においても、形の隙は餘り問題にしてゐない。殊に二刀流は然りである「敵へ向ふには我身を寛げて、なるたけ幅廣く見するものなり」と武藏は教へてゐる程である。活動の自由を重視し、形に居付くことを極度に嫌ふ彼としては、これは當然の言だ。

では隙とは一體何を指して云ふのか。私はいよ〳〵この事を明瞭にしなければならなくなつたが、それには隙の性質を二つの要素に分けて話すことが便利である。即ち一つは動作の隙、二は心の隙である。

(1) 動作の隙

動作の隙とは、劍の動きに依つて生ずる隙である。例へば、上段から劍を振り卸したとすると、劍の下る方向は隙を爲さないが、その方向を外した兩側は隙を構成する。しかもこの事は、總ての劍の運動に當て篏まるから、私達は「劍が動く時は、その方向以外は隙を有つ」と定義することが出來る。

併し、實際問題としては、例へば、上段から振り卸す劍の動きが、その兩側に隙を構成してゐても、それは敵が劍の動きを避けて横へ出て來れば隙になるが、後へ退いた場合や、劍のみで受け止めた時は、隙にならない。だからこの種の隙は、絶對のものではなく、相手の位置と出方如何によつて、隙ともなり、隙ともならぬ性質のものである。

それ故、劍を振るには、劍の動く方向外へ、敵が位置を移し易いやうな振り方をしてはならぬと云ふことになる。止むを得ぬ場合は、この隙に注意して振らねばならぬ。武藏が、「劍と身體とは一時に動かすものではない。劍は體に伴ず、體は劍に伴ず」と云つたのは、劍を自由に振るためのみではなく、實はこの隙に備へるためであつた。卽ち敵を打つ場合、身體が先に打つ身になり、その跡から劍を振るやうにすると、劍が動く時には旣に身體は敵の攻擊に備へる裕取りを有ち得るから、たとへ打ち損じても、敵が付け入つて來るのを避けることが出來る。

所が、劍の動きには、以上の外に最う一つ隙がある。それは劍が通過した跡が隙になることだ。然もこの隙は、一度劍が動くと次ぎの動作に移る迄持續する。そして如何なる手練の劍士が劍を振る場合も、この隙は絶對に除き得ない隙である。そこで、私達は劍の一動作から次ぎの動作に移る間を隙として認め得ることになる。所が劍の一動作は旣に述べた如く一拍子の動きであるから、私達はこれを又、一の拍子から次ぎの拍子に移る間の隙と稱び換ることが出來る。これ卽ち武藏が、隙のことを「拍子の間」と稱び、「拍子の間を知ること」を重視した所以である。前に太刀の打ち方の所で話した二拍子の打、遲れ拍子の打、緣の當り等は、皆この隙を狙ふものに外ならない。卽ち、氣の早い敵には、まづ我身と心とを打つやうに見せて、敵が動いた跡を太刀で打つのが二拍子の打ちであり、敵が早く退かん、早く張り除けん、早く受け止めんとする時には、如何にも遲く中に淀む心を以つて、敵が動搖せる拍子の間を打つのが遲れ拍子の打ちである。又、敵が受け止めん張り除けんとする時、我太刀の方向を變へ敵の拍子の外を打つのが緣の當りである。

然らば、この種の隙を狙はれたら、最早や防ぐことが出來ないかと云ふに、無論そうとは限らない。拍子の間が隙を構成することをよく知つて、敵に付け込まれぬやうにすれば、防ぐことが出來る。併し、それを爲すものは、劍の振り方ではなくて、心の働きである。從つて、隙の問題は、こゝから先は心の動きに就て探索されねばならぬことになる。

(2) 心の隙

心の隙とは、心の動きに依つて生ずる隙である。例へば、道場における試合で、相手と禮を交して立ち上つた所をポカリとやられたり、敵が面を打つて來ると思つたのに小手をやられたなど云ふのは、皆心の隙を打たれたのである。即ち、前者は油斷の結果であり、後者は不注意の結果に外ならぬ。では心の隙となるものは、油斷や不注意のみかと云ふに、そうではない。

私達が、太刀を振る時には、必ず振らうとする意志が働くが、強く早く振らうとすればする程、その意志は强度に現れ、ために心の全部がそれだけになつて終ふ。すると心はこの意志以外には働かない。卽ちその働かぬ所が隙である。武藏が「心は一方に偏るは悪し、引釣るも悪し」と敎へてゐるのは、この隙を避けんがためである。劍の道において、心が「偏る」又は「引釣る」と云ふのは、心理學で云ふ單なる緊張を指すのではない。それは極度の緊張卽ち昂憤を意味するのである。

總じて心が昂憤した時は隙を生ずる、だから、敵に對して、向腹を立て「おのれ！」と思つた時や、「こ奴生意氣な！」と思つた時は、隙を生ずることを知らねばならぬ。なぜならば、かゝる昂憤は、冷靜な判斷力を踪失する隙を構成するからだ。

次ぎに昂憤の反對たる極度の鎭靜、卽ち心の衰退萎縮も亦隙を構成する。これは心の働きが鈍つて終ふからだ。

又、不安と焦燥も心の隙を造り出すに充分である。この場合は、目先のみにおびえ、いら立つて、全局の判判を爲し得なくなるからである。

併し以上述べたやうな心の隙は、我々自身の心掛け如何によつて、幾らも除き得る性質のものであるが、此處にその性質上、我々自身では如何とも仕難い隙が今一つある。それは「心の間」と稱ばれる隙である。

「心の間」とは、誰しも敵に向つた時は、打とうと思つたり、受けん、張らん、當らん、觸らん等と種々に思ふものであるが、このやうに打とうと思ひ、受けやうと思ふ心の動きの間隙、卽ち何んの考へも無い空虛の狀態を指すのである。これは明に隙だ。然もこの隙は、心の動く所必ず存在するもので、自分にもあれば敵にもある隙である。武藏は心の動きもその一つ〳〵を拍子として觀察するから、この種の隙も亦「拍子の間」と見做してゐるが、幸ひなことにこの隙は、形として直接現れないから、敵に我心の動きを見分けられさえしなければ、狙はれる危險はない。だから武藏は「心を敵に見分けられぬやうに」と呉れ〴〵も注意してゐるのであるが、一體、心の動きは極端な時は身體の各部に表れるものであり、それ程でない時でも、顏には直ぐ出るものである。殊に意志は眼に一番よく現れ易いから、場數を踏んだ者には、かなりよく見分けの着くものだ。太刀の打ち方の處で述べた無念無想の打、一拍子の打、石火の打などは、皆この隙を狙つて打つ打ちである。即ち、太刀の間が屆く程になつてゐるのに、敵の心が遲い時には、我身を動かさず、太刀の起りを知らせぬやうに早く敵を打つのが一拍子の打ち及び石火の打ちであり、身體だけ打つやうになり、心と太刀は殘して、敵の氣配の間を何時打つと云ふ風でもなく、跡から强く打つのが無念無想の打ちである。又紅葉の打ちもこの隙を狙ふものに外ならぬ。卽ち敵の心の無爲を狙つて、突如敵の太刀を打ち、敵が何んのための打ちかと呆氣に取られてゐる所を、更に打ちはたいて敵の太刀を拂ひ取るのである。

從つて劍の修業には、心の隙を見分けることと我心の隙を敵に隱すことを修得することが極めて大切である。そのためには、まづ心を外に現さないやうにし、心の動きと動きとの間も、出來るだけ緩ぎ止まぬやうにして、心を平靜に保つことに努め、次ぎに我太刀を種々に仕掛け、敵の心の動きを見分けることに努力しなければならぬ。

さて、このやうに努力した結果、敵の心が解るやうになれば、劍の技法は實に簡單なものになつて來る。それは最早や打ちつ、外しつの亂擊でなく、敵の隙を見出して只一擊の必殺劍を振ればよいことになる。この劍理を劍法の極致と見做すのが一刀流だ。一刀流はこの劍理を重視するの餘り、他の劍技を輕んじ、只一刀の下に敵を斃すことに專念する。併し、公平に見て只一と打ちの必殺劍を振ることのみが劍道の正法であるかどうか。劍理を追究する所にこの種の思想が生ずることは一應合點出來るが、その是非は尙、議論の餘地がある。だが、この議論は別として、武藏の考へを述べるならば、彼は劍の技巧を「只一打ちの理」に限定して終ふことには贊成しなかつた。そして彼は、劍技の總てを等價値のものと認め、一樣に學ぶべきを薦めてゐる。これは武藏が「只一打ちの理」を輕視したからではない。彼も亦「一つの打ちと云ふ心を以つて、確に勝つ所を得る事なり」と云つてゐる程だ。併し、諸種の劍技を打ち習はずには、一つの打ちと云ふ理窟は會得し難い。だから先づ種々な技法を學び、總てが意のまゝにやれるやうになつてから、一と打ちで勝つ道を極むべきだと、彼は主張するのである。

そして又、この「一と打ち」と云ふ理窟から、更に「直通の位」と云ふ理窟が生じて來ると武藏は云ふ。この直通の位とは、勝利へ直通する位、即ち構へのことを云ふのであるが、何故「一と打ち」と云ふ理窟から、こんな構への理窟が出て來るかと云ふと、敵の動作と心に現れる隙を見知つて、一と打ちにそれを打つには、その打つべき箇所に向つて我太刀を最も打ちよい位置に持つことが必要である。そしてそのやうな位置へ我太刀を置くなれば、それは即ち勝利へ「直通する位」と云ふことになるからだ。

併し、この直通の位と云ふことに就いて誤解し易い所は、或る敵の隙に對する直通の位卽ち一つの構へが、そのまゝ總ての敵に對して共通に役立つと思ひ込むことである。だが、直通の位は敵の隙に對應して存在するのであるから、敵の隙が異れば直通の位はそれに應じて異る。從つて、直通の位は、この一つに限ると云ふことはない。この事は注意すべきである。

要するに「隙」とは、武藏の言葉で云へば「拍子の間」であり、これを知ることが出來るやうになれば、劍は意のまゝになつて、只一と打ちで敵を打つことが出來るやうになる。從つて、隙を知ると云ふことは、劍技を學ぶ上に極めて重要な事柄である。

さて、これまで述べた話の總ては二刀流の劍技卽ち太刀筋に關する話であつた。そこで以上述べた劍の技法を一つ〳〵練習し、その全部を修得するならば、その人は必ず大概の敵を打ち敗かすことが出來る。何故なれば、劍を學ぶ者は多いが、以上述べた劍技を悉く自由にこなせる者は、そう澤山居ないからである。

併し、劍技は如何に習ひ覺へても、これのみでは眞に敵を斃せるものではない。早い話が、自分の修得してゐる程度の劍技を、敵も亦修めてゐたらどうなるか。この場合は明に戰ひやうがない。殊に生死を懸けての實戰では、劍の技法よりも心の狀態の方が、勝敗の原因を顯著に造り出すものである。從つて私達は劍技を修得したら、次ぎは敵の技法を封じ、敵に隙を造らせる法、卽ち戰術を學ぶ必要がある。これを知らずしては、劍技は徒らに打ち合ふのみのものとなる恐れがあるからだ。そこで私達の話も亦戰術に關する話に移らねばならぬ。卽ちこれから述べる所の話は專ら戰術に關するものである。

一六、場所の理

戰ひの場所においては、光を背にして敵に向ふのが常法である。これは敵の樣子を見分けるのに必要な計りでなく、敵の視力を疲勞させ、我視力の疲勞を救ふ上に必要だからである。では光を背に出來ない時はどうするか。この時は、「我右の脇へ光を置くやうにすべし」と武藏は云つてゐる。これは二刀流の劍法が、常に敵を我左へ迎へるを有利とする關係上、自分の左側を照してゐることは不利を招くからである。

次ぎに、位置の定め方は、我左側と背後を廣く裕取のあるやうにし、右側を詰める。これも二刀流劍法の性質が、敵に我右側を攻擊させないことを有利とするからである。更に又、敵よりも高い場所を占める心掛けが大切である。これは敵を見下すと云ふ意味を尊ぶからであつて、武藏のごときは、「座敷では、上座を高き所と思ふべし」と敎へてゐるが、これは實際上の效果はどうだらうか。尤も敵を見下すと云ふ氣慨だけは解るが。

さて戰ひとなつて敵を追ひ廻す時は、我左の方へ敵を追ひ廻すことは旣に述べた通りであるが、更に敵の背後へは、働き難いやうな場所を與へるやうにし、敵をその難所へ追ひ込むことが肝要である。難所へ敵を追ひ込むには、「敵に場を見せず」と云つて、敵が顏を振る如き餘裕を與へぬやうに、油斷なく攻め立てねばならぬ。

このやうにして、敵に足場の惡い所や、橫に障害物のある位置を供し、その利を得て、自分が場所の優越を獲得することは、戰術上片時も忘れてはならぬことなのである。從つて如何なる場所が戰ひの上に難所となるかは、平素から能く考察して置かねばならぬことであり、又敵を難所へ追ひ込む方法も練習して置かねばならぬことである。

場所の理を知つた次ぎは、敵を知ることが大切である。

一七、敵を知ること

敵を知ると云つても、敵の身體や容子などは眼で見たら解ることだから、これは問題でないが、敵の持つ手練の度合や心の働き具合は、外から見ただけでは、なか〳〵解るものでない。そこで、これ等のことを知る方法として、武藏が敎へたのは、まづ「我身を敵に成替へて思ふ」と云ふことである。

例へば、世間では、盜人が家へ這入つた時、その者を强敵の如く思ひ決めて、無暗に恐れる氣持があるが、盜人の身になつて考へて見ると、無法を働いてゐるため盜人の方が、却つて世の中の人を悉く敵視して脅えてゐるのである。從つて、盜みに這入つた者は、行爲こそ强敵のやうであるが、その心は決して强敵ではない。卽ち、おびえさえしなければ、優位は我方にあるのを知るべきである。これと同じ理窟で、敵と云へば皆强く思ひ、大事を取り過ぎるものであるから、これは反省しなければならぬ。殊に自分の劍技に手練があり、劍の道理がよく解つてゐれば、何にも敵を恐れる必要はないのである。

又、剣道の達者な者を敵にしたら、必ず敗けると思ひ勝ちのものであるが、斯様な考へに囚はれることも間違ひの基である。敵になつて見れば、敵も亦そのやうに思つてゐるに違ひないからだ。

それ故、隠れてゐる敵へ向ふには、隠れてゐる敵の氣持になつてその心を測り、大敵には大敵の身になつてその心を測り、敵の心の難患を思ひ取つて、敵へ當ることが大切である。敵の心迷ふを知らず、弱いのを強いと思つたり、剣道の不達者なものを達者と見做したり、小敵を大敵と思ひ誤つては、敵にとつて利のない戰ひでも、敵が利を把むことになる。

だが、敵になつて敵の心を測る際に注意しなければならぬのは、我心を正しくして考察することである。自分勝手な考へ方さへしなければ、敵の強き所、弱き所、直なる所、歪む所、張る所、たるむ所等は直ぐに解るものである。武蔵はこの事を「糸かねの次第」と云つてゐるが、その意味は、我心を「糸かね」即ち測定の基準として敵の心を測ると云ふにある。そして、以上の事柄は「常々から心掛けて能々吟味すべし」と彼は教へてゐる。

一八、景氣を知ること

景氣を知るとは、戰ひの場における敵の榮へ方、衰へ方の狀態卽ち景氣を見て取ることであるが、これは敵に對する我策略を樹てるためである。

併し、景氣には、その場の位置による景氣、體力による景氣、氣力による景氣、智力による景氣等があるから、敵の景氣を知るには、その景氣が何によつてゐるかを見分けねばならぬ。そのためには更に、敵の人柄を見極め、敵の勢ひの流れを見定め、その强弱を見分ける必要がある。するとこれは先に述べた「敵を知る事」と似通つて來るが、「敵を知るとは常のこと、景氣を知るは卽座のことなり」と武藏は區別してゐる。

かくて敵の景氣を知つたら、敵の氣色に異つたことを仕向けて、敵の景氣が盛衰する所を見て取り、その間の拍子を窺つて先手を仕掛けるのである。

武藏は、「物事の景氣と云ふことは、我智力强ければ必ず見ゆるものなり」と云ひ、更に、「時の景氣を見取るならば、前向いても勝つ、後向いても勝つ」と豪氣なことを云つてゐる。

併し實際にそこまでやれるかどうかは別として、兎に角、戰ひを有利に導くことが出來るのは確である。

一九、敵を支配する事

武藏は「將卒の敎へ」と稱して次ぎの如く云ふ。

「戰ひに臨んでは、敵を卒と見做し、我身は將となつて、敵に少しも自由をさせず、太刀を振らせるも、竦ますも、皆我心の指圖に從はせ、敵の心に企みをさせぬやうしなければならぬ」と。

これが本當にやれるなら、如何なる敵を相手にしても勝てるに定つてゐるが、自分の手足ではあるまゐし、相手が敵である以上、そう簡單にやれる事ではない。では武藏が云つたのは、單に心構へとしての意味に過ぎぬのだらうか。否、彼は實際にやれると考へ、然もその方法を敎へてゐる。卽ち、「枕の押へ」「影の押へ」「陰の押へ」の三つがそれである。

(1) 枕の押へ

武藏の說明に依ると、これは頭をあげさせぬと云ふ意味である。

元來、戰ひに於ては、敵に我身をまわされるやうでは敗けだ。從つてどんなことをしても自分が敵を自由にまわしたいものである。所でこれを行ふには、敵が仕掛けて來るのを、受けたりかわしたりしてゐては駄目である。そんな事をしてゐると、敵にまわされてゐるのと變りがない。だから敵に向つては、敵が打つ所を止めさせ、突き出す所を押し込み、搦ふ所を搦はしめないやうにする事を心掛けねばならぬ。言ひ換へると、敵に掛り會ふ時は、何事によらず、敵の思ふ崩しを敵の仕出さぬ内に見て取つて、敵が仕掛けんとするその頭を押へ、後はさせないやうに仕向けるのである。

併し、頭を押へると云つても、何もかも皆押へて終ふのではない。そんなことは出來る筈もなく、又する必要もない。實際の所を云へば、自分が敵を自由にせんと思へば、敵も亦そう思ふに違ひないから、敵が行動せんとする時は、それが役に立たぬ事なら敵のするに委せ、役に立つことだけを押へて敵にさせぬやうにするのである。押へ方は、心でも押へ、身體でも押へ、太刀でも押へるが、その孰れで押へるのが適當かは、その時次第のものである。

併し、敵のすることを、押へやう押へやうとする心になることは、却つて後手になるから、まこと敵を押へるには、劍理にまかせて我行ふ内に、自然と敵のなさんとする所を押へ、何事も役立たせず、敵をこなすやうにしなければならぬ。武藏は「これを爲し得るは、劍道の達者、鍛錬の故也」と云つてゐるが、味ふべき言葉である。

(2) 影の押へ

敵が動こうとする影を押へると云ふ意味で、武藏は斯様な名を付けたのであるが、「影」と云ふ言葉の意味に拘泥しては却つて解り難くなるから、私達は內容の理解に重點を置く方がよい。

さて、「影の押へ」とは「枕の押へ」の中の一種である。卽ち、敵の仕掛けやうとする心が見へた時、敵がわざせんとする所を、こちらから「そうはさせないぞ」と云ふ心を我態度に强く示して敵を押へるのである。すると敵はその强さに押されて思ひ止まり、心までも替るものである。そこで敵の心が止み替る拍子の間を窺ひ、こちらも心を替て、その時の利にまかせて先手を仕掛けるのである。武藏はこの事を、「敵の起る氣ざしを、利の拍子を以つて止めさせ、止みたる拍子に我勝つ利を受けて先を仕掛けるものなり、工夫すべし」と云つてゐる。言葉は違ふが、その意味は前に述べた通りのものであるから、參考に供されたい。

(3) 陰の押へ

武藏は、動く影に對して動かぬ影を區別し、前者を陽の影、後者を陰の影と呼んだ。從つて陰の押へとは、陰の影を押へると云ふ意味であるが、こゝでも私達は名稱に囚れてはならぬ。「陰の押へ」も亦「枕の押へ」の一種である。敵の身の内を觀察するに、心の配り過ぎになつてゐる所もあれば、不足の所もあると云ふ場合がある。こんな時は、敵が心を配つてゐる箇所へ、こちらも心を向けてゐるやうに見せると、敵はその箇所から他へは心を移そうとしないものである。そこで我太刀を敵の心足らぬ所へそのまゝ移し向けると、敵は拍子違ひして慌て出すから、勝を制することになる。我太刀を移し向けるには、單に向けるだけではなく、打つか突くかするのであるが、打つにしても、突くにしても、この時は太刀のみで行ひ、心は殘して置かねばならぬ。でないと其後がこなせなくなつて終ふ。

二〇、先手の取り方

先手を取ることは、詰り敵を支配する心の延長である。併し先手はこれを取ることにより、敵に勝つことが出來るのであるから、その意味は當然異つて來る。卽ち勝負の最後的意味が多分に加はつてゐる。從つて劍道上これは重視されること云ふまでもない。

所で、先手には三つの場合がある。一つは我方から敵へ掛かる時の先、二は敵から我方へ掛かる時の先、三は敵も掛かり我も掛かる時の先である。武藏はこれを、懸りの先、待ちの先、體々の先と稱へてゐる。

いづれの戰ひ始めにも、先手はこの三つより外にないのであるが、元來、先手なるものは、その時の利に依るを先とし、敵の心を見分け、劍法の智慧を以つて獲得するにあるから、先手の取り方は種々樣々であり、これを一々述べることは困難である。それ故、こゝにはその大要をかいつまんで述べることにする。

(1) 懸りの先

我方から掛かる時の先手の取り方は、第一が靜かにしてゐて俄に早く掛かる方法、第二が表面を強く早くして底を殘す心で掛かる方法、第三が我心を強く持つて、足は常の足より少し早いめに敵へ寄り、寄つたら急に早く揉み立てる方法、第四が掛りかけも中途も最後も同じやうに敵を拉ぐ心で掛かる方法等がある。併しこれ等の方法は、かつて述べた太刀の打ち方の技法と同じ性格のものであるから、詳しい事は太刀の打ち方を參照されたら直ぐ解ることである。

(2) 待ちの先

敵が掛かり來る時の先手の取り方は、第一が、敵の掛り來ることには少しも構はず、我は弱きやうに見せて待ち、敵が近付いたら大きく強く離れて飛び付くやうに見せ、敵が弛む所を直に強襲する方法、第二が、敵の掛かり來る時、こちらも強くなつて出向き、敵の拍子を變へさせて、その拍子の變る間を攻撃する方法等がある

(3) 體々の先

敵も我も互に掛かり合ふ時の先手の取り方は、敵が急いで掛かつて來る時は我は靜に掛かり、敵に近付いたらツンと澄して見せ、敵の心に緩みを付け、その緩んだ所を直に強く襲ふ方法と、敵が靜に掛かる時は我身を浮かし氣味に少し早く掛かり、敵近くなつて一と揉みもみ、敵の樣子に應じて强襲する方法とがある。

併し、先手を取るのは、時に從ひ理に從つて行ふもので、矢鱈に我方から攻撃に出ると云ふ意味のものではない。唯同じことなら、我方より掛かつて敵を後手へ追ひ廻したいものだと云ふに過ぎない。それ故、先手を取る最上の方法は、劍法の智能を驅つて勝利への途を狙ふ所にある。この事から又、先手を狙ふ特殊な戰法が發見される。それは「劍を踏むと云ふこと」である。

(4) 劍を踏むこと

これは敵が何事か仕掛けて來た時、その仕掛けた所をその儘踏みつけて、後をさせない心である。

例へば、敵が太刀を打ち掛けて來た時、その太刀を除けて、打ち終つた後から打ち向つてゐては、ドタン〳〵となつて果か行かぬものである。そこで斯様な場合は、敵が打ち卸した太刀先の落ち行く所を、我足で踏みつけて、敵に二度目を打たせないやうにするのである。從つてこれは、敵が仕掛けるのと同時に飛び付いて行くのではない。敵の仕掛けた跡にそのまゝ付く心である。

又劍を踏むのは足のみに限るものではない。身體にても踏み、心にても踏み、太刀にても踏むのであるが、踏むのは押へるのと違ふから、何時までも踏みつけてゐると云ふ術はない。踏みつけたら直にその利を活用して、先手を仕掛けるものである。それを忘れると、折角踏みつけても、踏み付けた効能が無くなつて終ふ。

二一、心理作用の活用

人間の心は、理性が上に立ち其の支配下に感情が置かれてゐる時は冷靜であり、無理がないが、一度感情が理性を押し除けて上へ立つと、心は荒れて無謀になる。この心理作用を捉へて戰ひの上に活用した戰術が四つある。即ち武藏が「移らかすこと」「むかつかすこと」「脅やかすこと」「うろめかすこと」と稱して敎へた所のものが其れである。

(1) 移らかすこと

人の氣持には「移る」と云ふ作用がある。睡氣が移る、欠伸が移る等がそれである。この心理作用を戰ひに用ゐるのが「移らかす」と稱ぶ戰術である。

その方法は、敵が浮氣にして事を急ぐ氣持のある時、こちらは少しも構はず、如何にもゆつたりした態度になつて見せると、敵も自分の事のやうに受け入れて、急ぐ氣持が緩むものである。その氣持の移つた處を見透して、突然速く強襲するのである。

武藏は又、「醉はせると云ふて、是に似たことがある」と云つてゐるが、彼の云ふ「醉はせる」とは、退屈の氣持、うつかりする氣持、弱くなる氣持、以上三つの孰れかへ敵の心を誘ひ込むことである。その方法は、我心も身體も太刀も、總て靜にして少しも動く氣配を見せずに置くと、敵は必ず退屈するか、うつかりするか、氣を弱めるかするものだ。そこを見て取つて俄に早く强く攻擊すれば、勝ちを制することが出來る。

(2) むかつかすこと

むかつかすことは、詰り腹を立てさせるのである。敵が腹を立てたら、その心は硬化し、無茶になり、果は物事を考へぬやうになる。そこを利用して攻擊するのがこの戰術である。

敵をむかつかせるには、無論、言葉でもむかつかせ、態度でもむかつかせるが、又太刀でもむかつかせる。太打でむかつかせるのは、始めは緩りと見せて、途中から俄に荒々しく掛かるのである。このやうにすると、敵は出し抜かれたと思ひ、「何を!」とばかり反抗の氣持ちになる。卽ちむかつくのである。むかついたら、息を拔かずに其儘その時の利を抑し進めて勝つことが大切である。息を拔くと敵の心は冷靜を取り戾して終ふ。こゝの呼吸は練習により會得すべきである。

(3) 脅やかすこと

人は思はぬ事柄に脅へるものであるが、脅へると、心は急激に萎縮して働かぬやうになる。

そこを狙ふのがこの戰術だ。

脅やかすには、態度身振りでおびやかし、太刀で脅やかし、聲で脅やかし、敵の心に無いことを仕掛けて脅やかすのである。そして脅へる所の利を捉へ、そのまゝ勝ちを制するのである。

(4) うろめかすこと

うろめかすとは、敵に確な心を懷かせぬやうにすることである。戰ひにおいて、敵の心を測り、我方から色々のわざを仕掛け、或は打つと見せ、或は突くと見せ、又は入り込むと見せて、敵の心を其處此處と動かし、斯うかあゝかと思はせ、遲く早くと迷はせ、その狼狽する心の拍子を窺つて、勝つ所を見出すのである。

二二、陰を動かすこと

これは敵の心が、眼で見ただけでは解らぬ時に用ふる手段である。卽ち敵の心の陰を動かしてみて、その心を知るのである。

例へば、敵が太刀を背後へ構へたり、横脇へ構へたりした場合は、一寸その心は見分け難いものであるが、かゝる場合は、こちらから不意に仕掛ける如く見せると、敵は思はず自分の考へてゐる所を太刀に顯すものである。そこを眼敏く見知つて、その利を辨へ勝を制するのである。

併し、これは油斷すると、折角敵の手段を知つても拍子拔けがして、何にもならなくなるから、油斷なく拍子を捉へることが肝要である

二三、强敵のこなし方

常識的に云ふと、强敵とは自分より强い敵のことである。所で强敵をこのやうに解釋した場合は、强敵は自分に對し絕對に優位なものと見做すから、これは最早こなしやうが無い。併し斯かる意味の强敵は、實は勝負の結果から云つた强敵であつて、戰ひ中における强敵ではない。戰ひ中において、凡そ强敵の名に値するものは、まづ劍技に長じ、劍理を心得、その智力に優れた敵のことであらう。併し、武藏の解釋に從へば、戰ひの中では强敵と云ふものはない。何

故なれば、剣の戰ひには剣理を越へた强敵はなく、剣理に從ふ所には如何なる强敵も、戰ひ中は强くなり弱くなる兩面を有つからである。從つて此處に强敵と稱ぶのは、實は强くなつた時の敵、即ち言葉を換て云へば、一と通りの手段ではこなし難い狀態にある敵と云ふ意味である。では、一と通りの手段でこなし難い敵をこなすには如何にしたらよいか。武藏はこの方法として六つの手段を指摘してゐる。以下その一つ〳〵に就いて述べて見やう。

(1) 角に觸ること

敵が鬪志に滿ち溢れてゐて、尋常一樣の手段ではこなし難い場合は、敵の身體の何處でもよいから、その一番出强い箇所を、我太刀で觸り、痛みをつけて出强い心を弱め、その弱くなつて崩れる所を攻擊するのが、この戰法の主旨である。從つて、この戰法は眞剣の場合に限られ、竹刀を以つてする道場稽古や試合には役立たない。題名中の「角」は敵の出强い箇所のことであり、「觸る」とは、傷をつけるために觸るのであるが、これは斬るにあらず、打つにあらず、只觸ると云ふ氣持である。

(2) 紛れること

これは紛れ行く、或は紛れ込むと云ふ意味で、敵へ接近しやうとする時、敵が頑強にそれを拒む場合に用ふる手段である。紛れ方は、敵が拒む所の拍子を見受けて、右左とつづら折りの氣持ちで攻擊し乍ら進むのである。この場合は、一歩も後へ引く心なく強く進むことが大切だ。少しでも引く心があると敵に反擊されることになる。敵が拒まんとする太刀の位置さえ心得へて打ち進むならば、如何に強く進んでも危險はない。

又、この方法は、大勢の敵を相手にして立向ふ時も有効な方法で、その掛かり方は、敵中の強き方へまづ掛かり、其處が崩れたら其儘捨て置き、他の强そうな方面へ掛かり、彼方此方と攻め立てゝ、敵へ紛れ込み、追ひ崩すにある。藏は「三十人四十人の敵も、この方法で掛かゝれば、追ひ崩すこと易し」と云つてゐる。

(3) まぶれること

敵と我との間が近くなつてゐるのに、敵が我に對して強く張り合ひ、それ以上攻擊し難い時は、そのまゝ敵と一所に塗れ合つて終ひ、塗れ合ふ内に變位の利を先取して、勝を制するのがこの戰法である。まぶれ方は、太刀にも身にも心にも敵と我との區別を立てず、敵と互に譯なくなるやうにして、敵へ寄り添ふのである。

但し、まぶれるのは纏れるのではない。塗れる所には自由があり、纏れると自由が無くなる。この區別はよく辨へて置かねばならぬ。

(4) 崩れを捉へること

敵が如何に強味であつても、拍子違ひになると崩れ出すものである。敵に少しでも崩れが出たら、その崩れる拍子を逃さぬやうに直に攻め立てることが大切である。拍子に間を置くと敵は建直つて終ふ。

(5) 拉ぐこと

崩れの出た敵を攻め立てるには、敵を弱く見做し、我を大いに強くして、敵を拉ぐと云ふ氣魄で掛かる必要がある。この時は、敵と眼を見合ぬやうにし、太刀は打ちたらぬことの無きやう強く打ち放ち、眞直に拉ぎつけるのである。拉ぎ方が弱いと敵は盛り返して來ることがある。尚又、一度敵を拉ぎに掛つたら、敵を起き直らせぬやうに、飽まで打ち込んで行つて、最後まで拉ぎ抜くことが肝要である。

(6) 底を抜くこと

戰ひの最中に、自分の方が敵より優勢に思はれるのにどうも鳧りが着かないことがある。武藏の言葉で云ふと、これは「敵が心を絶さない」からである。卽ち表面では負けてゐても、心の底は未だ負けてゐないのである。そこで斯かる敵に對しては、敵の心の底を抜いて、その頭强さを絶す必要がある。これ武藏が、『底を抜くこと』を敎へる所以であつて、その方法は、太刀にても抜き、身にても抜き、心にても抜くのであるが、要は俄に我心を替へ、敵の豫期しない手段を以つて强襲するにある。そして敵の心の底が抜け、崩れが見へたら、そのまゝ拉ぎつけるのである。武藏は、大勢の敵に對しても、この戰法は有効であると云つてゐる。

さて以上六つの戰法は强敵をこなすものとして話したが、强敵をこなし得る戰法は、又普通の敵をこなすに不足のないものである。從つて、これ等六つの戰法は强敵以外にも活用することを忘れてはならぬ。

二四、轉心の理

戰ひ中、我心の轉換を必要とする場合がしば〳〵ある。武藏はこの事を重視し、戰ひ中、轉心を行はねばならぬ時機とその方法について、次ぎの如く敎へてゐる。

(1)

戰ひの中で、敵も自分も同樣なことを思ひ、そのため互に張り合ふことがある。所で、斯樣な狀態になると勝負は捗取らない。それ故、武藏は、「張り合ふ氣持ちがあると見たら、その考へは捨て、別な方法を以つて勝を狙ふことが必要だ」と主張し、「心を捨てるのは早いのがよい」と敎へる。これは何時までも同じ心を以つて張合つてゐると、敵の方が先きに心を換へて攻擊して來る恐れがあるからだ。心を捨てたら、その時の狀態に從ひ、敵の思はぬ別途の利を見附け攻擊することが肝要である。武藏はこの轉心方法を、「四手をはなす」又は「四手の心」と名附けてゐるが、何故彼が斯様な名を附けたかは不明である。

(2)

次ぎに武藏は、「戰ひ中、同じことを度々仕掛けるは悪い」と云ふ。一試合中に、同じ手段を幾度も繰返すと、却つて効果が無い位のことは誰でも知つてゐるが、或わざを一度仕掛けて効果が無い時、今一度やつて見る程度の繰返しは、誰しもすることである。所が武藏はそれを好まない。彼は一度行つて効果がなければ、「次ぎは全く違つたことを、ほつと仕掛けるがよい」それも効果がなければ、「更に變つたことを仕掛けるのが、戰ひの正道である」と主張する。このことを武藏は「山海の變り」と稱してゐるが、その意味は「敵が山と思へば海と仕掛け、海と思へば山と仕掛ける」と云ふにある。

(3)

又戰ひ中、敵も我も互にこまかなことを考へ合ふと、自然縺れる氣持になるものであるが、かゝる場合この縺れを解くには、そのこまかな心の中から俄に大きな心に替る必要がある。武藏はこの事を「鼠頭牛首の心」と稱し、心を大小に替へることは、戰における一つの心建てなり」と敎へた。

(4)

併し、斯樣に心を大小に替へても、倘敵と我との間に軋む氣持ちがあるならば、縺れは未だ解けてゐないのである。從つてこの時は斷然我心を振り捨てゝ、總てを新に始める心になり、その新になる拍子を以つて勝を制することが肝要だと、武藏は云つてゐる。言葉を換へて云ふと、心を新にすると同時に、今迄とは全く別な利を狙つて攻擊せよと云ふのである。

(5)

かくて武藏は最後に「束を放す」と云ふ心を說く。併しその說明を見るに、「束を放すと云ふことには、色々心があつて、無刀にて勝つ心もあれば、又太刀にて勝たざる心もあり、さまざま心の行くところ書き付け難し、能々鍛錬すべし」と云ふ簡單極まるものである。これでは何んのことか一寸解り難いが、その意味は凡そ次ぎの通りである。

總じて、劍の戰ひは、太刀の活用のみに走りたがるものであるが、戰ひ中には、太刀わざのみの攻擊では却つて捗々しくない時がある。こんな時は太刀は無いものと思ひ放つて、太刀に拘泥しない自由な心境において敵に向ふ必要がある。これ即ち束を放つ心である。從つて、これは實際に握つてゐる束を放ち、太刀を捨てることではない。只戰況の動きに依り、太刀わざを放棄して、太刀を行たなくても敵をこなしつける心になることである。そして敵をこなして後に太刀にて斬るのが、その眞意である。

二五、渡を越すこと

武藏は自己の經驗に基いて、戰ひには瀨戸となる所があるのを認めた。彼に依ると、戰ひが捗々しく行かぬ時、或は思ふやうにならぬ場合が卽ち瀨戸である。

斯樣な瀨戸は、戰ひ中しば〳〵遭遇する所のものであり又少し試合に馴れた者なら直ぐ見附け得るものであるが、武藏は「この瀨戸に出會つた時はこれを忌避し逡巡してはならぬ。むしろ共は戰ひ中における當然の過程であると觀念し、恐れず冷靜にそれを乘り切るべきだ」と云ふのである。そしてその乘り切る方法を、彼は次ぎのやうに教へる。

即ち、場所の理や敵の位置狀態を見分け、それに對する我身の能力を考へ合せて、その理を以つて瀨戸を渡り越すことが大切である。この場合、決して慌てたり無理をしてはならぬ。その心持ちは、「丁度良き船頭が海を渡る時と同じ心持ちである。即ち、瀨戸の場所を見取り、船の位置を知り、天候を知つて、その時の狀況に從ひ或はひらきの風に賴り、或は追風をも受け、若し風が變つても二里三里は櫓櫂を以つても渡り越す心である。渡り越して終へば、後は心安なものなり」と武藏は云ふ。そして戰の瀨戸を越す第一の手段は、「敵に弱味をつけて、我が先手に出る」にあり、「先手に出れば最早やメたもので、凡そ勝利は見へるものである」と云つてゐる。

二六、掛け聲の理

聲は勢ひである。從つて戰ひに掛け聲はつきものであるが、太刀を打つ時に掛ける聲を、單に元氣の表現ぐらひに思つてゐる人が多いやうである。併し武藝の解釋では掛け聲にも亦戰術的意味がある。

即ち彼は云ふ。掛け聲には初中後の三つがある。そして戰ひにはこの三つを掛け分けることが大切である。例へば、敵を動かさんために我が打つと見せる時は、頭より「エイ！」と大きく聲を掛け、聲の後から太刀を打つものであり、太刀と聲とを一時に掛けるものではない。何故なれば、この時の掛け聲は、敵を威嚇し、敵に動く拍子を與へるためのものだからである。又打ち合の間に掛ける聲は、その時の拍子に乘る聲であるから、調子を低くして、底より出る聲を以つて掛ける。これは單に拍子を取るだけだからである。かくて敵を打ち果した時は、勝を知らせる意味で强く大きく掛けるのである。

因に、武藏が用ゐた掛け聲の發音は、現在では明かでないが、當時一般に使用された掛け聲は、「エイ」「オー」「トウ」或は「エイ」「ヤツ」「トウ」の三つであつたから、武藏も亦これを用ゐたと思はれる。

二七、巖の身

これまで述べた戦術は、我方から敵へ仕掛けるものばかりであつた。そこで問題となるのは、これ等の戦術を敵の方から仕掛けて來た時はどうするかだ。無論その時は、敵が仕掛ける戦術の性質を見分け、それに引掛けられぬやうしなければならぬ。併し實際問題としては、忙しい戰ひの中で、然も種々に仕掛けて來る敵の戦術を、一々見分けて對策を考へてゐては間拍子に合ふことでない。それ故、戰ひにおいては、敵が仕掛ける如何なる戦術をも、悉く無効に歸せしめるやうな有力な方策を用意して臨むことが必要になる。武藏が教へる「巖の身」とは、實にその方策に他ならないのである。

然らば、巖の身とは如何なるものか。今これを述べるに當つて、此處に是非紹介して置きたいエピソードが一つある。それは次ぎの如きものだ。

武藏が、肥後の細川家へ身を寄せるやうになつてからのことである。或時、城主光尙が武藏に向つて、

「巖の身とは、如何なる事を云ふのか」と尋ねた。すると武藏が答へて云ふには、

「事に臨んで申さねば、言葉のみでは云ひ顯し難い事柄です。併し、寺尾求馬助をお呼び出し下さいますなら、直に御覽に入れます」

寺尾求馬助とは、細川家普代の家臣であり、武藏が熊本へ來てから、特に目を掛けて教へた門人である。

そこで、光尙が求馬助を呼び出すと、武藏は光尙の側にあつて、求馬助がかしこまつて御前へ平伏するのを待ち、

「殿には思召の筋あり、寺尾求馬助に只今切腹仰せ付けらる。左樣心得急に支度仕るべし」と云ひ渡した。光尙は、とんでもないことを武藏は云ふと思ひ乍ら、默つて樣子を見てゐると、求馬助は、いささかも躊躇の色なく、

「謹んで御請け、御次ぎにて支度仕ります」と答へ、禮を殘して靜かに立つて行つた。その態度は、自若として常と變る所がなかつた。この時、武藏が光尙へ

「只今御覽になつた求馬助の態度が、卽ち巖の身でございます」と申し上げたので、光尙は大いに感心して、

「求馬助は深くその技に達したものだ。これも武藏の導き善きが故である」と嘆賞した。

この話で凡そ解る通り、巖の身とは、事に動ぜぬ心、物に動ぜぬ身成りである。從つて戰ひの中においては、戰法一悉の道理を體得して、敵が如何なる戰術を仕掛けるとも、巖の如く巍

然として動かされず、たぶらかされぬ所の心身の持ちやうである。

武藏は、この態度卽ち「巖の身になつて戰ひに臨むならば、敵が如何なる戰法を以つて仕掛けて來ても、それを制壓することが出來る」と云つてゐる。併し、巖の身になるためには、戰戰法一悉の理を體得することが基礎條件である。これを體得せずに單に巖の身となつてもそれは單に化石となるに等しい。巖の身の眞意は、敵の仕掛ける戰法に自分が動かされぬやうにすると云ふだけではなく、自ら戰ひの理に伴れて動く自由を有つにある。この點は能く吟味して、誤解のないやうにしなければならぬ。

所が、こゝに問題が起る。それは、敵も亦「巖の身」を心得てゐて、我方から仕掛ける戰法を悉く封じ去る場合はどうするかだ。

併し武藏は、この事に就ては「萬理一空の理」を說いて答へる。彼が云ふ萬理一空とは、劍法の理はその究極において一つの空に歸すと云ふ意味である。卽ち、劍の技法も戰法も、その道理を知つてこれを眞に能くするには、これを爲さんとして爲すにあらず、時に臨み變に應じて思はず爲す所が、そのまゝ道にかなつてゐると云ふのでなければならぬ。然るに、このやうな境地にあつては、心は最早や何んの策意も有たず全く空である。空なるが故にこの境地には自づと自由があつて、自から奇特を行ふことが出來る。だから劍法の道理を深く心得た敵と戰ふには、心を空にして、空より發する奇特を以つて自づと勝つことが大切だと武藏は云ふのである。

だが、斯樣な意味での空の境地は公平な所、實は劍の理想境であつて、容易に達せられる境地ではない。殊に何時どう云ふ風に發するかが解らない奇特などに期待を掛けるのでは、これは戰法として眺めることは不可能である。だから「萬理一空の理」は、戰ひの方法と云ふよりも、劍理の究極における一つの心境として取扱ふべきものである。それ故、詳しいことは、二刀流の思想を語る時に譲り、こゝでは多く觸れないで置く。

二八、多數の敵と戰ふ法

大勢の敵は、束ねて置いて一と太刀にバサリ!! これがやれるなら問題は簡單だが、そうは行かない。敵の數が幾ら多くても、劍の戰ひでは、一人々々斬り崩して行かねばならぬ。從つて、多勢の敵と戰ふのは、畢竟一人の敵と戰ふことの複數であり、これに勝つことは、一人の敵に勝つ手練の延長に外ならない。とは云ふものの、多數の敵は一時に各方面から我を狙つて來る。これは敵が一人の時には無い事だ。そこで多數の敵を相手とするには、この點を考慮しなければならぬ。こゝに多數の敵に對する戰法が生れる。

武藏は云ふ。「一身にて大勢の敵と戰ふには、我太刀と脇差の兩方を左右へ廣く横に捨てゝ構へる也」と。これ即ち二刀流のみが有つ「左右の捨構へ」である。この構へ方は、防禦力に些か不足する所はあるが、攻撃力の迅速なことと、我方の對敵行動が何の位置の敵からも見拔かれないのが特色だ。だから大勢の敵と戰ふには、この構へは絶對的なものである。他流の劍客にして、大勢の敵と戰ふ時二刀を使つたのは、皆この構への價値を知つてゐたからである。即ち伊賀の上野の仇討における荒木又右衛門、高田の馬場の中山安兵衛などがそれだ。

では左右の捨構を以つて敵と戰ふにはどう云ふ風に戰ふか。武藏は「敵が四方から掛かるとも、一方へ追ひまわす心である」と云ひ、その追ひまわし方を、次ぎのやうに說明してゐる。

先づ敵の配置とその攻撃態勢の前後關係を見分け、大局に目を配りつゝ、先へ進み出る敵へ早く行き合ひ、相手の打ち掛ける位に應じて、我右の太刀も左の太刀も一時に振り付け、はたき込み、一とはたきしたら直ぐ元の構へに戻し、次ぎに出て來る敵へ向つて斬り込むで行くと云ふ風に仕掛け、その箇所をまづ追ひ崩し、崩れたら其所はそのまゝ置き、他の箇所の出張る敵へ攻撃の方向を轉じて斬り崩す。そしてこのやうに敵を其處此處と追ひ廻す間にも、成るたけ敵を一列に重ねるやうに追ひまわし、敵が重なつたら隙さず强く拂ひ込んで斬りまくるのである。この時敵の中を進むには、右左々々の千鳥掛けに斬り進み、最後までまぐれ行く氣持である。

だが敵の間が込み相つてゐる所を、無暗に追ひ立てやうとすると、戰ひは行き止まる。又敵が出て來る方を〳〵と思つては、待つ心になるから戰ひが遲れる。從つてこの二つは戰ひ中避けるやうにしなければならぬ。兎に角、要は敵の動く拍子に應じて崩しよい所を知り、敵を追ひ崩して勝つにある。

また、この構で敵へ切りつける方法は、左右に擴げて持つた双刀を、同時に切り交すのだが、この時は、長劍は右脇から、左の肩の上へ引揚げるやうに振る。短劍の方は、左脇から右肩の上へ切り揚げる。この双方の切り揚げ方は、敵の狀態によつて、多少孤の畫きを變へるが、動く方向は大體右に述べた通りである。

しかし、この際、最も變化を要するのは、脚の運び方である。眞正面から來る敵に對しては、左脚を前進して、體を左斜身に變じつゝ、双刀を振り交へに切る。この時、短劍は主として敵刀を張り除けるやうに振りつけ、長劍にて敵の手を切り上げるのである。敵が、我右側に寄つた位置から來る時も、脚の運びは左脚を前進して、左斜身に轉出すること、正面の敵の場合と同様であるが、敵が左側に寄つた位置から來る時は、右脚を前に踏み進めて、右斜身に轉じつゝ、左手の短劍で敵刀を拂ふやうに受けて、流しながら、右肩の上へ引あげ、右手の長劍は、やゝ横旋回に振りつけて、敵の胴から腕へかけて切り上げるのである。

そして孰れの場合も、双刀を振り交へに切り揚げたら、直に刀身を飜して、そのまゝ切り下げることを怠つてはならぬ。でないと敵に攻擊の機會を許すことになる。兎に角これ等の双刀の振り方は、練習ものだ。

かくて武藏は「時々相手を多數集めて戰ひ、敵を追ひまわして見て、その呼吸さへ呑み込んで終へば、一人の敵を相手とするのも、十人二十人の敵を相手にするのも心易きもの也、能々練習すべし」と云つてゐる。

以上で、二刀流の戰術に關する話は終りである。

所が、二刀流の劍法は、この戰術と先に述べた劍の技法とで出來てゐるのであるから、私はこれで二刀流劍法の內容を全部述べたことになる。

然るに、二刀流の劍法が、さてこんなものだと云ふことになると、誰しも一種の物足りなさを覺へるに相違ない。何故なれば、戰へば必ず勝つ武藏の不思議な强さから考へると、彼の劍法にはもつと驚異に値するやうな技法と戰術があつてもよさそうだからである。併し、「劍の道には不可思議はない。有ると思ふのがそもそも間違ひだ」と武藏は云つてゐる。

では、このやうな內容を有つ二刀流の劍法は、劍の正道かどうか。私達はこの事を質さねばならぬ。尤も武藏自身は、二刀流を劍の正道だと主張し、「劍術實の道に依つて敵と戰ひ勝つには、この法聊も變へることあるべからず、我劍法の智力を得て直なる所を行ふならば、勝つこと疑ひなし」と、まるで御神託のやうなことを云つてゐるが、如何に武藏の言葉でも、說明なしでは受け取れない。と云ふのは、二刀流の他にも種々な劍法があるからである。從つて私達は、二刀流の劍法と他流の劍法を比較し檢討して見る必要が生ずる。ところが、武藏もこの必要は認めてゐたと見へて、旣に彼自ら行つた他流批評がある。で私は次ぎの話として、彼の他流批評を述べることにする。

二九、武蔵の他流批評

凡そ他流のことを批評すると云ふからは、流名とその內容を指摘して、これを批評するのが普通である。だから武蔵の他流批評を聴くならば、當時の諸流派とその內容が同時に知れると思ふ人があるかも知れない。だが武蔵の他流批評にそんな期待を持つて臨むと失望する。何故ならば、彼は批評の中で、これは何流の何の事柄だと云ふやうなことは、一言も云はないからである。

他流を評するのに、何故彼は流名や內容を指摘しないのだらうか。數多い他流のことを一々擧げて批評するのが面倒だつたのか、或はそんなことをしたら、後日他流との間に爭ひの種を殘すとでも想つたのだらうか。否や！　さうではない。彼が云ふ所に依ると、その理由は次ぎの通りである。

「各流儀の見解に相違があるのは、流祖たる人の心に任せて異るのである。又同じ流儀でも人に依つては少しづつ解釋が違ふものである。だからそんなものを一々批評して見た所で、後の世の爲になるとは思へない。で、わざと指摘しない事にしたのである」と云ふのだ。

然らば、武藏は何を批評しやうとするのか。それは云ふまでもなく、當時劍道界で問題となつた種々な事柄の中から、後の世までも問題になりそうなものを選び出して、それに對する他流の解釋を批評せんとするのである。では彼が選んだ事柄とは何か。

(1) 長き太刀を好むこと
(2) 强味の太刀と云ふこと
(3) 短き太刀を用ふること
(4) 太刀數のこと
(5) 構へのこと
(6) 目付のこと
(7) 足使ひのこと
(8) 速きを好むこと
(9) 劍法奥口のこと

以上の九つであつた。そして彼はこれ等の一つ〳〵に就て、他流の解釋を批評してゐる。

だが武蔵がこの批評を行つたのは、批評の冐頭に「他流の道を知らずしては、我一流の道確に辨へ難し」と云つてゐる如く、實はこれに依つて自流の立場を一層明確にしやうとしたのである。だから、この批評はその意圖が多分に盛られてゐること云ふまでもないが、批評の仕方が又彼獨得のものであつて、鼻息の荒いこと將に他流試合を思はせるものがある。兎に角、以下順を追つて彼の批評振りを話すことにしやう。

(1) 長き太刀を好むこと

短い太刀より長い太刀の方が有利だと云ふ考へ方は、今でもあるが、武蔵が「他流に長い太刀を好む流儀がある」と云つてゐる所を見ると、當時は流儀にもそんなのがあつた譯である。所で武蔵は、「そんなのは弱い流儀だ」と貶しつけてゐる。流儀に弱い流儀と云ふのは變であるが、その譯を訊ねると、彼は「理窟はどうあらうと、長い太刀を好むのは、敵の太刀が屆かぬ場所から敵を斬らうと云ふ心である。これは俗に云ふ一寸まさりの利を狙ふ者だ。併し、劍法の本意は、如何にしても敵に勝つと云ふ理を學ぶ所にある。だからこの理を辨へず、長い太刀の利に任せて遠くから勝たうとするは、心の弱い證據であり、劍法を知らぬ者の考へであるだからこれを弱い流儀と見做す」と云ふのである。そして武藏は、更に長い太刀を好むことの非を指摘して、次ぎの如く云ふ。

戰ひの都合で、敵との間が組み合ふ程になると、長い太刀ほど打つことが利かず、働き難くなつて太刀が荷になり、却つて小脇差を持つ者や素手の者に劣ることになる。又上下脇など詰つた場所や、脇差より持つことを許されない坐において、戰はねばならぬ時に、長い太刀を好む心があると、劍法に疑ひが生じて惡い結果を招くことになる。

尤も長い太刀を好む者の側からは、これに就て色々云ひ譯はあるものであるが、それは皆その身一人の理窟であつて、世間の道理から見れば、理にかなつた所は一つもない。長い太刀を持たずに短い太刀で戰つたら、必ず敗けると定つてゐるのか、人によつては身分や體位の關係上、長い太刀を用ゐることが出來ぬ者もある。こんな人達は戰へぬことになるではないか。そんなべらぼうなことがあるものか。

さて此樣にまくし立てた後で武藏は云ふ「昔から、大は小をかねると云ふこともあるのだから、無暗に長い刀を嫌ふのではない。斯く云ふ眞意は、長い太刀でなければならぬと偏る心を嫌ふのである」と。事實、武藏自身は決して短い太刀の愛用者ではなかつた。彼が腰に帶てゐた刀は、鍔先三尺八分の伯耆安綱であつたし、自作の木刀には、全長四尺一寸八分のものがある。以つて彼も亦長い太刀の使ひ手であつたことを知ることが出來やう。

(2) 强味の太刀と云ふこと

武藏は「他流に强味の太刀を好む流儀がある」と云つてゐるが、强味の太刀とは、强く振る太刀のことである。今でも、太刀は强く振らねばならぬと云ふ考へが相當あるやうである。所で元來この考へは、太刀を强く振らねば敵は斬れぬとの考へ及び、强く振る太刀は、敵がそれを受けても、受けた太刀諸共斬ることが出來ると云ふ考へなどに依るものであるが、武藏はかやうな考へに頭から反對で、「太刀に强い太刀も弱い太刀もあるものか」と云つてゐる。併し、この言葉は少々云ひ過ぎのやうだ。何故なれば、彼は二刀流の劍技を敎へる中で、「强く打つべし」と云つてゐる箇所が所々あるし、事實又、彼が排斥せんとするのは、無理に强く振る太刀のみであるからだ。

即ち、彼は云ふ。强く振らうとする太刀は荒いものであり、荒いだけでは勝てるものでない殊に人を斬るのに、無理に强く斬らうとしては、却つて斬れないものである。試し物など斬るにも、強く斬らうとする心は悪い。人を斬り殺さんと思ふ時は、強き心でもなく、無論弱い心でもなく、敵の死ぬほどと思ふ所である。

又、敵の太刀を強く張れば、張り餘つて戰ひの上に必ず悪い結果が生ずるし、他人の太刀に強く當れば、我太刀折れ碎けることもある。だから強味の太刀など云ふことは劍法にない事だ。劍法の道理にない事をして勝てる筈はない。それ故、我流儀では、少しも無理をせず、劍法の智力を以つて如何樣にも勝つことを專らとする。卽ち強味の太刀などと云ふ無理を排斥する所以である。「能々工夫すべし」と云つてゐるのである。

(3) 短き太刀を用ふること

何々流の小太刀と稱して、今日でも小太刀を使ふ流儀が殘つてゐるが、武藏はこれを許し、「短い太刀のみで敵に勝つと思ふは、劍法の實の道でない」と云ふ。その理由は次ぎの通りである。

力の强い者は、大きな太刀でも輕く振ることが出來るのだから、無理に短い太刀を用ゐねばならぬといふ理由はない。鑓長太刀を用ゐてもよい譯だ。それなのに短い太刀を殊更好むのは何故か。どう見ても、唯習ひ慣れたからと云ふ以外、理由はなさそうだ。

一體、短い太刀を持つものは、必ず敵が振る太刀の隙間を斬らう、飛び込もう、摑もうとするものであるが、これは心の片寄りとなるからいけないし、又敵の隙間ばかり狙ふ心は、萬事後手が見へて悪いものである。

殊に大勢の敵には、小太刀で入り込もうなどとする心は役に立たない。無論、短い太刀を使ひ習つた者は、大勢の敵をも、小太刀で斬り拂はん、自由に飛び込まん、暴れ廻らんと思ふだらうが、劍法實の道は、我身が强く直になつて、人を追ひ廻し、他人を飛び跳ねさせ、敵をうろめかすやうに仕向けて勝つにある。それにも拘らず、自分から飛び跳ねするなどはもつての外だ。假令左樣なことをして見ても、それは皆受け太刀と云ふものになつて、心の亂れる基となり、劍の道にそむくばかりである。だから短い太刀のみを好むものではない。

武藏は以上の如く述べた後で、言葉の餘勢を驅つて次ぎのやうに云ふ。

「世間の人達が、劍を習ふ有樣を見るに、受けつ、かわしつ、抜けつ、くぐりつすることばかり練習してゐるが、これでは心が道に引きづられて、人から弄されてゐるのと變りがない。併し劍の道は、直に正しい所のものであるから、正理を以つて他人を追ひまわし、他を従へる心を修めるやうにしなければならぬ。能く吟味すべし」と。

要するにこれは、人に制せられるのを嫌つての論である。

(4) 太刀數のこと

戰ひは千變萬化する。そこでは劍も亦縱横無盡の軌蹟を畫き出す……とは言葉の上の形容に過ぎないが、それでも劍の軌蹟を一々形に作つて、これを人に敎へるとすれば、太刀數の多い流儀が出來上る。

所が、武藏は、斯樣な流儀は劍道を賣り物に仕立てるものであり、太刀數を多く作つて敎へるのは、初心者に深く思はせるためだと云ふ。やけに思ひ切つたことを云つたものであるが、彼の解釋に依ると、人を斬るのに種々な法があると思ふのが、そもそもの間違ひで、劍道知る者も知らぬ者も、さては女子供に至るまで、人を斬る時は太刀を打ち振づて斬ることに變りはない。この他には突くか薙ぐかがあるだけだ。從つて、劍道に太刀數の多くある筈はない。然るに太刀數を多く敎へるのは……と云つた風な論法なのである。だがこれだけの議論では、劍道に太刀數が多くないと云ふ所は解るが、太刀數を多く作る事が、劍道を賣り物にして、初心者に深く思はせるためだと云ふ論據にはならない。併し武藏はそんなことに頓着なく、言葉を進めて更に云ふ。

「だが、場所の都合と敵の位に應じて、我太刀を振りよく持つために、五方と云つて五つの形はある」と、この五方とは二刀流における五つの構へを云つたのであるが、彼は敵を斬る法はこの五つより他に無いと主張し、次ぎのやうに云つてゐる。

即ち「殊更に手を捻じ、身體をひねり、飛びひらきなどして、人を斬ることは實の道ではない。人を斬るには、捻じて斬れず、ひねりて斬れず、飛び跳ねて斬れず、ひらきて斬れず、これ等の事は皆役に立たない事である。それ故、我流儀では、我身も心も直にして、相手を歪ませ、曲らせ、敵の心の捻じひねる所を斬るのを本旨とする」と。

說明は大難把だが、劍の本意はこれで明かに知ることが出來やう。

(5)　太刀構へのこと

太刀の構へは、技の發する所だから、劍道上重要な意味を有つこと云ふまでもないが、諸流の中には、構への如何が勝敗を決すると考へ、特に構へをやかましく云ふものがある。

併し、「それは僻事だ」と武藏は云ふ。そして「世の中に構へのあるのは、敵が無い時のことだ」と。何事によらず、極端に云はないと氣の濟まぬ彼ではあるが、無論それには彼としての解釋があるからだ。

卽ち、「元來構へとは、敵に對し惡いやうにたくらむことで、自己にとつては、搖がぬ所の用心に外ならない。例へば、城を構へる。陣を構へるなどは皆、敵から仕掛けられても動搖しないと云ふ心である。だからこれは常の事、卽ち敵が無い時のことだ」と武藏は云ふのである。

では敵の在る時は如何？　その時は「先手々々と心掛けるにある」卽ち「劍法勝負の道は、敵の構へを動かせ、敵の心に無い事を仕掛け、敵をうろめかせ、或はむかつかせ、或は脅かせ敵が紛れる拍子の理を以つて勝つことであるから、能く構へ、能く受け、能く張り除けやうとする如き、敵の先手を待つ心は禁物である。敵から先を仕掛けられるのと、我から仕掛けるのとでは、その利害は倍も違ふものだ。だから我流儀では、構へは有つて構へは無しと敎へる。敵へ仕掛けるための構へと敵を待つための構へとの相違を知るべきである」と武藏は云つてゐる。

(6) 目付きのこと

武藏は云ふ。他流には、敵の太刀に目を付けるもあり、手に目を付けるもあり、或は足などに目を付けるのもある。併し、斯様に此處へと思つて特に目を付けるのは、紛れる心の基で、劍法の病と稱すべきものである。

例へば、鞠を蹴る者は、終始鞠に目を付けてゐる譯ではないが能く蹴ることが出來るし、多數の刀を手玉に取る藝人は、一々刀を見てゐる譯ではないが、取り外すことがない。これ等は皆練習の結果、自然に見へるのである。劍道でも敵と試合ひ慣れ、人の心の輕重を覺へ、道を仕習ふならば、太刀の遠近遲速までも總て見へるものである。

元來、劍法の眼は、大概は人各自の心である。だから我流儀では觀見二つの見方を教へる。見の目は視力に依る目であり、觀の目が心の眼である。卽ち、敵の心を見分け、その場の利害を見定め、戰ひの景氣を見受け、その時々の强弱盛衰を見知つて、確な勝利の素材を供するのが觀の目である。從つて、劍道には、此處彼處と小さく目を付けることはない。小さく細く目を付けやうとするから、大きな所を見忘れて、確な勝機を逃して終ふのである。云々

(7) 足使ひのこと

足使ひに關する武藏の批評は、かつて「足の使ひ方」の話で述べたのと同じことを、繰り返すやうなものであるから、こゝには省略する。

(8) 速きを好むこと

斬るも、受けるも、速くなくては間に合はないと思ひ、ひたすら速劍を尊ぶものがある。武藏はこれを評して次ぎのやうに云ふ。

速く〳〵と思ふのは、物毎の拍子に間に合はぬ時に起る氣持ちである。併し、何事でも、その道に長じて來ると、別に早く仕なければならぬと云ふやうな氣持ちは起らなくなる。例へば、早道とて、一日に三十里も四十里も歩く者があるが、これは朝から晩まで走るやうに急いて歩くのではない。所が歩くことに不得手な者は、一日中走るやうにしても、そう歩けない。又、歌を謠ふのに、上手な者が謠ふ中へ下手が隨いて一所に謠ふと、遲れ勝ちになつて、本人は忙しい氣がするものだ。そこで増々速く仕様とあせり出すが、あせるはこけるといふと云ふて、間に合はない。無論遲いのも惡いに相違ないが、萬事上手な者のすることは、緩々と見えて然も間の拔けないものである。これと同じ理窟が劍道でも云へるのである。

即ち、太刀を速く振らねば間に合はぬと云ふのは、戰ひの拍子に遲れるからである。そして拍子に遲れるのは、出遲れ仕遲れが原因である。それを知らずに、太刀の速さで遲れを取り戻そうとするは、無理の甚しいものだ。幾ら速く振つたからとて、腕の速さには限りがある。そう速くなるものではない。殊に、速く振らうとする太刀は、亂れて人の斬れぬものである。又、扇子や小刀を使ふやうに、チョイ〳〵と振つたのでは、太刀は斬れない。

だから戰ひにおいては、先づ拍子に出遲れぬことが大切で、それには「機を押へる」と云ふ心で臨むのが第一である。この心で臨めば、遲いと云ふことは少しもない。即ち敵の起る所を先に押へて終ふからだ。又、敵が無暗に早く動く時は、逆と云ふて、自分はわざと靜になり、敵に付かぬことが劍法の要領である。それ故、いづれにしても、劍法戰ひの道では、速きを好むは正しい事でない。

かくて武藏は、「萬事速からず、遲れず、この心工夫して鍛錬を要す」と云つてゐる。

(9) 剣法奥口のこと

世間の藝事には、極意祕傳などと云つて、習ひ事を奥口に分ける風習があるが、劍の道においては何を口と云ひ、何を奥と云ふのか、この區別は了解するに苦むと武藏は云ふ。理由は「敵と戰ふ時に、口にて戰ひ、奥にて斬ると云ふ理窟はないからだ」と云ふにある。

だがこの說明によると、劍の道には學ぶ順序が無いみたいである。そこで、彼は次ぎのことを云ひ加へる。

「我流儀では、始めて道を學ぶ者には、本人が行ひよい所のわざから仕習はせて、理解の早く行く理窟を先に敎へ、理解し難い道理は本人の心が解けるのを待つて敎へるやうにし、次第に深き所の理を敎へるのを順序とする。だが、大概は一つの事柄を敎へる時に、その事に關係ある總ての事を敎へるから、結局奥口と云ふことは無いことになる」と。

かくて武藏は、美しく示唆に富む引例を揭げて、最後を飾り乍ら云ふ。

「山の奥を尋ねるに、尙奥へ奥へと思つて行くと、何時かは又口へ出るものである。劍の道もそれと同じで、戰ひには、奥の出合ふこともあり、口を出してよいこともある。だから何を祕し、何を現はすと云ふ理窟があらうか。劍道に奥ロの區別はない。それ故、我流儀では奥ロの區別を定めず、只學ぶ者の智力を窺ひ、直なる道を教へ、劍法の病となる所を捨てさせ、おのづから武士の法の道へ導き、疑ひなき心になすことを以つて、教への道とする」

この說明は終りの方が一寸やゝこしいが、劍の道に奥ロの別がないと主張する武藏の意味は解るだらう。

さて以上の諸說を觀るに、武藏が、太刀の長短强速の利を排すのも、構へや太刀數を定めないのも、劍道に奥ロの順序を設けないのも、總てその物事に定着することを嫌ふからである。此事は明かに自由を基として劍道を解釋せんとする意企を物語つてゐる。從つて、武藏は劍道上の自由主義者であり、彼の劍法卽ち二刀流は自由主義の劍法である。

然らば、自由主義劍法は、劍の正道たる資格を有つか。私達の關心は當然この問題へ向ふことになる。併し、今直ぐこの問題に觸れることは控へねばならぬ。何故なれば、自由主義と一概に云つても、自由主義には種々な型があり得るのであるから、私達は、劍道上武藏の自由主義が如何なるものであるか、これを先づ知る必要があるからである。

そこで、次ぎは、武藏の劍法思想卽ち二刀流のイデオロギイを述べることにする。

三〇、二刀流のイディオロギイ

「劍道は、心身の鍛錬を目的とし、勝敗は第二義的のものである」と、武藏の前で云つたら、「馬鹿な!!」と彼は言下に呶鳴るだらう。彼の解釋では、「如何にしても勝つことが劍の道である」からだ。

尤も、武藏の頃には、劍道は何流によらず勝つことを主眼とした。從つて、生死二つの利を分けるのが劍の道である。心身の鍛錬などは勝つための手段に過ぎない。この觀念は武藏の場合、特に著しい。彼は如何にしても勝てばよいのである。だから勝つことに自由を得ることが彼の目的となる。

そこで、敵に自由に勝つには……と彼は考へる。そして先づ武器の利害から考察の歩を進める。

脇差は場所の狹い時や敵の身際へ寄つた時に利があるが、場所が廣くて敵に詰め寄り難い時は利が無くなる。太刀は大概の時に適合すると云ふ利はあつても、長さの利を云へば薙刀に劣る。併し薙刀も鑓に向つたら利が少い。鑓は先手で薙刀は後手だ。同じ程度の學びだと、鑓の方が少し強い。だが鑓も薙刀も場所が狹くなると利を失ふ。結局これ等は戰場の武器である。

戰場の武器と云へば、この他に弓と鐵砲がある。弓は合戰の場の掛引に適し、早く仕掛け得る所に利がある。從つて野戰には無くてはならぬものだ。しかし城攻めや敵との間隔が二十間を越えたら役に立たない。そこへゆくと鐵砲の方が有力だ。鐵砲は……。

武藏は、かくて鐵砲の利害を檢討してゐるが、鉛彈と火繩銃より知らぬ彼が、その利害を考へるのだから、どうせ私逹には噴飯ものである。結局、双物に關する考察だけ聽けば足る。

……棒、鎖鎌、十手等は護身の武器となつても攻撃の武器ではない。このやうに考察して來ると、何れの武器も一長一短で、要は折りに觸れ時に從つての出合ひものと云ふことになる。だから武器を限ることは禁物だ。武藏は武器に對する好みを斷念して終つた。

「武道具は、偏つて好くこと有べからず。餘りたるは足らぬと同じ事也。人眞似せず自分の手に合ふやうに持つべし。將卒共に物に好き嫌ひすること惡し」

だが、武器は何んでも構はぬことになると、何を手掛けたらよいか、據り所が無くなつて終ふ。そこで武藏は考へた。弓鐵砲鑓薙刀等は皆武家の道具だから、これを使ふことは兵の法に相違ないが、武士が常に身に帶びてゐるのは大小の二刀であつて、昔は太刀刀と稱び、今は刀脇差と云ふ。我朝においては、知るも知らぬも、二刀を帶びるのが武士の作法である。殊に太刀は、大概の場合に適する武器であり、又太刀の德を以つて世を治め、身を修める意味さへあるのだから、太刀は道法の終極に位するものである。從つて我等はこれを以つて兵法修得の據り所とすべきであると。

所が太刀を以つて道を學ぶことになると、先づ問題となるのは太刀の持ち方である。卽ち、太刀は片手で持つか、兩手で持つか。武藏は無論片手のものと考へた。これは彼の力量が充分だつたからでもあるが、使ひ慣たら太刀は兩手で持つより片手で持つ方が自由に振れるとの解釋に基いてゐる。尤も武藏の頃には、太刀を片手で使ふ劍客は決して少くなかつた。併し、太刀を片手で使ふことにすると、殘る片手が遊んで終ふ。武藏には、それが勿體ないもののやうに思はれてならぬ。殊に脇差が腰に遊んでゐるのだ。一命を捨てる程の時に、片手を用ゐず脇差を殘して死ぬなどは道の本意と思へない。で武藏は二刀を使ふことを思ひ立つた。

だが二刀を實際に使つて見ると、左右同じやうには自由が利かない。無論練習は或程度までそれを除いて異れるが、右には右の性質があり、左には左の性質がある。そして二本の劍は、各自が別々な身體の動きを欲求する。併し身體は一つである。この矛盾をどうするか。結局左右兩方の性質を公約した劍理に委せて使ふより仕方がない。すると二刀の動きも理詰である。これでは、自由を勝利の根本原則と考へる武藏には得心が成らぬ。で彼は太刀の振り方を工夫する。

太刀の振り方を工夫すると云つても、强く振つたり、速く振つたりするのでは、害の方が多くて利が少い。そこで彼が目を付けたのは拍子の取り方であつた。

拍子の中で一番解りよいのは音樂の拍子である。音樂の拍子は、能く合ふための正しい拍子だ。音樂は、正しい拍子を知ることを專らとする。だが劍法の拍子は、合ふ拍子を知ると同時に違ふ拍子を知らねばならぬ。言葉を換へて云ふと、大小遲速の拍子の中に、當る拍子を知り、間の拍子を知り、背く拍子を知ることが大切である。これを知らぬと劍技は確でない。武藏は、この理解を進めて、「戰ひには、敵々の拍子を知り、敵の思ひよらざる拍子即ち空の拍子を智慧の拍子から發して勝つ」と云ふ理解に達した。

こゝに於て武藏は智慧の働きを重視し、智慧に依つて勝利の自由を獲得しやうとする。彼の戰術論は實にその具體化である。

勝利の自由を得るには、敵に何事もさせぬやうにするのが第一で、それには敵の心を見分け、敵の起りを抑さへ、萬事敵に先んづることが肝要である。この建前の下に武藏は種々な戰法を案出した。

そして「敵と戰ひ勝つには、此法聊も替へること有るべからず。我劍法の智力を得て、直なる所を行ふにおいては、勝つこと疑ひなし」と自信を以つて推奬する。

併し、如何なる戰法もそれを知る敵に對しては無効である。そこに戰法そのものゝ限界がある。この行き詰りをどうするか。流石の武藏もこれには心を惱ました。そして漸く彼が得たのは「萬理一空」の理解である。併し、これは佛教の空觀を借用したものに過ぎない。だから武藏の「萬理一空」を知るには、佛教の空觀を知る必要がある。

元來「空」と云へば、何も無いこと即ち虚無が考へられるが、佛教の空は虚無ではない。宇宙の實相を空と觀るのである。そうなら空などと云はんでもよい筈だが、そこが昔の人の考へ方だから、厄介でもその積りで聽かないと譯が解らなくなる。

所で、佛教は何故宇宙の實相を空と觀るか。それは次ぎのやうな考へに依るのである。佛教では、現實の世界を、各人の自我の執着とそれから出發する飽くなき渇欲とで出來た世界、即ち煩惱に束縛された世界と見做す。だから眞實の世界を觀るには、自我の迷執を排除しなければならぬ。かくて得られる實在の世界は、自我の無い世界であるから空の世界と觀るのである。これを我空と云ふ。所が自我の構成要素卽ち法もまた常恒の存在ではなく、變化止まざるものであるから、佛敎では法に恒有性を認めることも迷執だと考へる。すると眞實の世界を觀るには、法も亦除かねばならぬ。これを法空と云ふ。

併し、空觀の目的は、差別一切の主觀的な執着執見を除いて（捉はれを離れて）、解脫（自由の境地）に到らしめるにある。それ故、空觀の極致は、空寂都滅の意味ではなく、むしろこの觀に依つて、差別的執見を除き、超自我的存在に達せんとするにあり、日常の行事もこの空觀を活用して、陰妄一念の動く所に、佛の光（實相）を感ぜさせやうとするものである。

さて佛敎の空觀は右の通りであるが、武藏の空觀は一寸違ふ。

彼はまづ、「物事の無い所、知れざる所を空と見建てる」併し、元々「空と云ふやうなものは無い」と云つて、虛無を否定し、更に「物事を辨へざる所は空でない」と云つて、無智を排斥する。そして「有る所を知つて無き所を知る、そこが空である」と彼は斷ずる。するとこの空は、認識論で云ふ意識の究極概念を指すことになるが、意識の究極概念卽ち自我その者や物そのものを空と云ふのでは、何んの事か一向要領を得なくなる。だが武藏は哲學者ではないのだから、彼の空觀に認識論的な正確さを求めるのは苛酷である。そこで武藏の空觀を知るのには、むしろ次ぎの言葉に依る方が近道である。

卽ち彼は云ふ。「劍の道において、劍の法を知らぬ所は空ではない。又色々と迷ひがあつて、これ以上解らぬと云ふ所も實の空ではない。武士は劍の道を確に覺えて、その他の武藝も能く務め、武士の行ふ道少しも暗からず、心意二つの心を磨き、觀見二つの眼を研ぎ、心に少しの曇りなく、迷ひの雲の晴れたる所を實の空と知るべし」と。

これで見ると、武藏の空觀は佛敎の我空と同じである。卽ち我執と迷執を除去した所を空と云ふのである。併し彼は法を空とは見做ない。「士の法を知らざる所、空にはあらず」と云つて、法の存在を認めてゐる。彼は只自分勝手に考へた法、卽ち我執に基く法を排斥するだけである。そして彼は、法に就いてこれ以上の追究をしない。だから武藏の空觀は實に簡單であり、又常識的である。卽ち彼は、人間一切の誤謬は我執に基く迷誤であるとなし、これを除去すれば、心の働きは淨化され、法も眞實の法が得られる。この境地が空である。心を空にして觀ると、物にはそれぞれ利があり、利を用ひるには道がある。併しそれを誤りなく受け入れる心は空でなければならぬ。又これを正しく行ふ心も空でなければならぬと云ふのである。

然らば、斯様な空觀は、敵と戰ふ上に如何なる自由を提供するだらうか。即ちこの空觀の作用が問題である。所がこれに對する武藏の解釋は次ぎの通りだ。

彼は、我執を去つて空の心となり、利即ち物の個性を知り、法即ちその關係の必然性を知り、利を用ひ法に從つて行ふを劍の本道と見做す。だから劍の道においては、眞實の法に從はねばならないが、眞實の法に從ほうと想ふ心も亦我執であるから、まこと法に從ふには、無我無想の心即ち空の心で法に從はねばならぬ。言葉を換へて云ふと、想はず行ふことが、そのまゝ劍の道に適つてゐると云ふのでなければならぬ。武藏は自由の開放をこゝに求める。從つて彼が求めた絕對の自由は、自己が法自體となつて行動することである。然るに、斯く自ら自由に法を爲すことは〃取りも直さず、法を創作することである。故に武藏が劍の道を求める自由は、結局創作の自由である。即ち、時に隨ひ、場に臨み、敵に應じて行ふべき法を創作するにある。こゝに彼の劍法は變化自在であり、融通無碍である。

ではこの自由を得れば、如何なる敵にも勝てるのか。武藏は云ふ。かゝる自由を得ると一自ら奇特を得、通力不思議あり」と。これでは話が怪談めくが、その意味は、自由の境地から想はぬファイン・プレーが生れて敵を斃すことが出來ると云ふのである。即ち創作の優越を以つて敵に勝つことが出來ると云ふのである。だから武藏の劍法は、形式主義を排斥して、專ら創作力の涵養に重點を置く。武藏が、二刀流の劍法教義として教へる所のものは、實はこの創作力培養のための方法である。

所が、以上の事は、劍の道において、武藏の自由主義が遂に理想主義となつたことを物語つてゐる。從つて二刀流劍法理論の究極は理想主義である。だが劍の道は、元々實踐そのものであつて、其所には些も觀念的な理論を許さない。だから二刀流劍法は、劍理の究極において、この矛盾を有つ。そして武藏はこの矛盾には氣が付かなかつた。然るに彼の劍法が實踐的効果から離脱する危險を有たなかつたのは何故か。それは、「役に立たざることをしないこと」と云ふ常識的な指導原理を、彼が堅持してゐたからである。とは云ふものの、理論上の矛盾は何等かの型で實際面に現れるものである。即ち二刀流劍法の論理的矛盾は、かくて次ぎの如き困難を、實際上に齎す結果となつた。

即ち、創作なるものは、各個人の素質即ち天分に負ふ所が多分である。從つてこの種の劍法は、世の天才によつてのみ、その價値を保持することが出來る。即ち二刀流は天才のための劍法である。それは人に告げることが出來ても、敎へることが出來ない。これを敎へ得る者があるとすれば、それは武藏の如き劍法の天才を俟つて始めて可能である。では武藏なき今日、二刀流は學び得ないのであらうか。この事は、二刀流の劍法イデォロギイが、此所に述べたやうなものである限りにおいては、適確に答へることが出來ない。併し、このこだわりとは別の意味において、武藏が後進のために殘した二刀流劍法の修法は、大體次ぎの通りである。

三一、二刀流の習ひ方

孰れの流儀でも、劍法の習ひ始は「打ち込み」と云ふのをやる。これは腕馴しのために行ふのであるが、二刀流でも習ひ始は、矢張り「打ち込み」をやるのである。

二刀流の「打ち込み」は、二刀を上段に振り上げて、右左々々と敵の頭上を目掛けて打ち込むのであるが、それと同時に足の踏み方を共に練習する。足の踏み方は、右の劍を振る時は右足から踏み出して打ち、左の劍を振る時は左足から踏み出して打つやうにする。この場合、敵と自分との間隔を、足の踏み擴げ方で調節するのは云ふまでもない。武藏は、打ち込みの練習をするのに、天井から杵を吊り下げて、それを木刀で打つて練習したと云ふ話であるが、これは彼の打ち込みを受けて吳れる者が無つたからであらう。要するに打ち込みは、劍を使ふための基礎練習である。

これが充分打ち續けることが出來、打ち方にも無理がないやうになつたら、そこで始めて敵と打ち合ひの練習に移る。所が、二刀流は、五つの構へより他に、形と云ふものがないから、打ち合ひの練習はこの五つの構へを以つて行ふのでるが、その順序は、先づ上段の構へから始めるのがよいとされてゐる。これは、敵へ掛るのに上段の構へが一番素直だからである。かくて上段の構へで敵と打ち合ふ太刀の用法を學び、それが一と通り出來るやうになつたら、次ぎは下段の構へで敵に向ふことを稽古し、これも出來るやうになつたら、中段の構へを習ふのである。尤もこの三つの順序は、人に依つて變更しても差支へはない。武藏は人を見て、その順序を定めた。だが中段の構へから始めるのは避ける方がよい。何故なれば、中段の構へは、攻防共に備つた構へだから、これから稽古を始めると、上段や下段の構へを嫌ふ癖が生ずるからである。

以上三つの構への練習が終つたら、最後に脇構への練習をする。脇構への練習は、左右いづれからするも差支へはない。

所で、以上五つの構へを以つて打ち合ひの練習をする間に、太刀の打ち方、突き方、受け方、身體の働き方に關する各項目を一つ一つ練習して、それ等を悉く習ひ覺へて終はねばならぬ。このやうにして各種の練習を積んで行くうちに、太刀の道筋を知り、拍子のことを會得し、おのづと身體の各部が自由にほどけて來て、心の働きも確になり、太刀を使ふ手も冴え、足も心のまゝに動くやうになる。そうなつたら次ぎは愈々敵と勝負をする練習に取り掛かるのである。

勝負の練習には、最早構へなどは、有つて無いやうなものだ。それは敵に應じて自由な構へを採ればよい。だから五つの構の外にそれ等の變形を用ゐてもよい譯だ。そして戰法に關する各箇條を一つ〳〵適宜に試みて、敵と戰ひつゝその呼吸を學び取るのである。

かくて武藏は、練習中の心掛けを、次ぎのやうに云ふ。

劍の修業は、千里の道を一歩づゝ歩むものと想ひ、急がずに稽古し、今日は昨日の我に勝ち、明日は下手に勝ち、次ぎは上手に勝つやう心掛け、飽かず撓まず修業しなければならぬ。即ち「千日の稽古を鍛とし、萬日の稽古を錬とする」又稽古中は、假令如何なる敵に打ち勝つとも習ひに背くことをして勝つたのは實の道でないのだから、常に劍理に背かぬやう自分を反省し、正しい道を以つて勝つやうに心掛けねばならぬ。この様にして修業を行へば、「その內には必ず心の利きが出來、他流の善惡まで解るやうになり、又一人で多數の敵に勝つ程の辨へも出來て來るものである。その上は、劍法の智慧を活用して何事にも勝つことが出來る」と。

併し又彼は云ふ。「我劍法を學ばんとする人は、道を行ふに法がある」と。こゝで彼が云ふ法とは、

第一、邪なき事を思ふこと、

第二、道を鍛錬すること、

第三、諸藝に觸ること、

第四、諸職の道を知ること、

第五、物事の損德を辨へること、

第六、諸事目利きを仕覺へること、

第七、目に見へぬ所を悟つて知ること、
第八、僅なことにも氣を付けること、
第九、役に立たぬことをせざること、
以上の九つであつて、「大形如此理を心に懸けて劍法の道は鍛錬するもの也」と述べ、「この道に限り直なる所を廣く見立てざれば、劍法の達者とは成り難し」と、最後の注意をうながしてゐる。

だが、その後で彼のなした宣傳は物凄い。卽ち、「此法を學び得たら、一人で二十三十の敵に負けることはない。先づ氣に劍法を絕やさず、直なる道を勤めるならば、手にて勝ち、目に見ることにも人に勝ち、又鍛錬を以つて總體自由なれば、身を以つても人に勝ち、更にこの道に馴て來ると、心を以つても人に勝つ、此所に至らば、如何にして人に敗けることがあらうか」勝つことの專賣特許は、實にこの法で御座い！　サア〳〵御立ち合ひ、如何で御座る!!　と云はぬ許りだ。さても勝つことの好きな武藏ではある。

×

さて、これまで述べた話によつて、諸君は二刀流劍法の構成が、如何なるものであるかを了解されたことと思ふ。所が、世間には、二刀流の話と云へば、五輪書の話が出ないと承知の出來ない人が相當多いやうだ。で私も、二刀流の話をする以上、その人達の期待に添はねばならないから、次ぎは五輪書に就て述べることにする。

三二、五　輪　書

五輪書は、既に世間的にも有名である。それは二刀流の極意を書いた武藏の書として知られてゐる。

併し、嚴格に云ふと、五輪書がこう云ふ風に知られたのでは、恐らく武藏の氣には入るまい。何故なれば、二刀流と云ふ名は世間の通稱で、武藏が稱へた名は「二天一流」と云ふのだし、又彼は「劍法に極意など云ふことはない」と云つてゐるからだ。そこで彼の氣に入るやうにするには、「五輪書は二天一流の兵法を記した書」と云はねばならぬ。

では、この書のことを劍法の書と云はず、兵法の書と云ふのは何故か。それは武藏が五輪書の中で、劍法のことを兵法と云つてゐるからでもあるが、更に彼は好んで兵法のこと、即ち用兵作戰のことを語るからである。

一體、武藏の頃には、「兵法」と云ふ言葉は、今日のやうに用兵作戰のことのみを意味せず、むしろそれは、兵各自が心得べき法と云ふ意味に解され、從つて、武器の用法卽ち武術を指すことが多かつた。だから當時は、武藝者のことを兵法者と稱び、劍法の書を兵法の書と稱ぶのが普通であつた。所が武藏の五輪書は違ふ。五輪書では、兵法を劍法と用兵作戰の兩方に解する。そして劍法のことを「小の兵法」或は「一分の兵法」と呼び、用兵作戰のことを「大の兵法」或は「多分の兵法」と呼んで、その兩方を述べやうとする。

武藏は、何故、兵法をこのやうに劍法と用兵作戰の兩樣に解するか。それは次ぎの如き理由に依るのである。

彼は、一藝に達すれば、萬藝に通ずることを信じて疑はない。だから、彼は、「劍法の理を確に知つて、一人の敵に勝つ自由を得るならば、その理を以つて萬人の敵にも勝つことが出來る」と考へる。卽ち彼にあつては、一人と一人の戰ひも、萬人と萬人との戰ひも同じである。それ故、彼は劍法と用兵作戰とを同視する。そして彼は云ふ。「常の稽古に千人も萬人も集めて、戰ひの道を仕習ふ事は困難である。だから太刀を採つて、その敵々の智略を計り、敵の强弱と手段を知り、劍法の智德を以つて萬人に勝つ所を極める」のである。故に「將となる者は、小の兵法を習つて大の兵法とすべきである。それは丁度尺の型を以つて大佛を建てるやうなものだ」と。

武藏が兵法をこのやうに考へたことは、果して正しいかどうかは別として、兎に角、彼が兵法を此樣に二つの意味に解し、五輪書中に其の兩方を述べやうとしたことは、五輪書のスケールを普通の劍法書以上に廣濶なものにしたことは確であり、そこに武藏の氣宇の大きさが窺はれるのである。併し、その半面において、この事が又、劍法と用兵作戰に關する說明を杜撰に陷らしめた事も見逃せない。殊に用兵作戰に關する說明は特に貧弱で、それは用兵作戰の理を說明してゐると云ふよりも、むしろ劍法の理を說くために、必要なものを選んで引例に供したと云ふ程度に過ぎない。從つて、五輪書から用兵作戰のことを學ぼうとすると、私達は失望する。併し、これを劍法の書として見るならば、私達は多くの劍理と、劍を基とした武藏の哲學形態を見ることが出來る。所詮、五輪書は劍法の書である。私が、これまで武藏の言葉を引用する場合、「兵法」とある所を悉く「劍法」と呼び換へたのも、實はこの故であつた。この機會を幸に斷つて置く。

さて、五輪書の內容は、諸君も御承知の如く、地水火風空の五卷に分れてゐるが、これを劍法の書として觀察すると、地の卷は劍法の基礎概念を、水の卷は劍の技法を、火の卷は戰ひの方法を、風の卷は他流の劍法を、空の卷は劍理の究極を、それぞれ述べるものであると云ふことが出來る。

所で、この五卷の分け方は、一寸見ると無雜作に分けたもののやうに思はれるかも知れない。と云ふのは、地水火風空の名稱が、各卷の內容を直接に表現してゐないからである。だが實際はなか〳〵そうでない。武藏は自分の劍法をこの五卷に書き分けるのには、並々ならぬ苦辛を拂つたのであつた。卽ち、彼は寬永二十年の秋十月、齡六十歲の身を以つて、熊本城の西郊にある巖殿山に登り、その山に在る禪道場靈巖洞に泊つて、天を拜し、觀音を禮し、佛前に額いて、沈思默考すること凡そ十日間、漸く五輪書五卷の構想を獲たのである。從つて、この構想は彼の思索の形態を物語る程のものである。だがそのヒントは云ふまでもなく五輪塔だ。五輪塔は上から順に𑖏𑖮𑖨𑖪𑖀卽ち空風火水地の五つが重つてゐる。武藏はこれを其儘五卷に仕立たのだ。併し、地水火風空の意味に關する武藏の解釋は、彼獨自のものである。卽ち彼は云ふ。

地の巻――我流の道を述べるのに、劍術のこと丈話しても本當のことは解るものでない。正しい理解を與へるには、廣い範圍のことから細部のことを述べ、淺い所から深い所に至る直なる道を示さねばならぬ。然るにこれは丁度、地形を示してその進むべき道を知らせるのと同じである。だから地の巻と名付けるのである。

水の巻――水は方圓の器に隨ふと云ふ素直な性質がある。又一滴となり蒼海ともなると云ふ激しい變化性を有つ。それと同じ如く、劍技を行ふには心を素直にして、その淸き所を用ふることが大切である。だから劍の技法を述べるのを水の巻と名付けたのである。

火の巻――火は大小となり、烈しい心がある。その有樣は恰も合戰の心に似てゐる。そこで戰ひのことを述べるのを、火の巻と名付けるのである。

風の巻――世の中には、昔の風、今の風、流儀々々の風などと云ふことがある。だから他流の仕業を述べるのを、風の巻と名付けるのである。

空の巻――劍理の究極は、道理を得て道理を離れ、自由を得て、自ら打ち自ら當るところの境地にある。これは總て空の道であるから、空の巻と名付けて書き表す。

以上は武藏の說明を要約したのであるが、これによつても解るやうに、地水火風空の名稱は、他愛もない贅事である。併し、この五卷の順序は、武藏の劍の理論を追究した思索の過程をそのまゝ示すものとして見ることが出來る。卽ち彼は、諸種の關係から劍の正道を指摘し、これを自流の道として、劍の技法を糺し、次ぎに戰法を案出して、これを他流の劍法と比較檢討し、以つて最後に劍理の究極を探る順序を示してゐる。

然るに、五卷の分類と順序が、このやうに整然としてゐるのに、各卷の內容を見ると、それ等が意外に雜然としてゐるのは、一體どうした譯だらうか。殊にひどいのは、同じ事柄が、所々に繰り返へされてゐたり、前後に何んの連絡もない事柄が、斷片的に羅列されてゐて、少しの整理もされてゐない點である。

尤もこの點は、武藏自身も氣になつてゐるらしく、序文では「兵法の利にまかせて諸藝諸能の道とせば、萬事において我に師匠なし、今この書を作ると云へ共、佛法儒道の古語をも借らず、軍記軍法の古きことをも用ゐず、この一流の見立、實の心を表す、云々」と恐しく元氣の良いことを云つて置き乍ら、終りの方では「今始めて此利を書き記すので、後先と書き紛れる心があつて、こまかに云ひ分け難し、去乍ら、この道を學ぶ人のためには、心しるしになるだらう」などと、弱音を吐いてゐるのである。以つて武藏の拙なさが解るだらう。だから五輪書を讀む者は、まづこの點に惱まされる。

次ぎに惱まされるのは、彼の文章だ。武藏の文章は決して讀み良いものではない。誤字と當字は兎に角として、言葉の使ひ方が變挺子なのである。卽ち意味が反對になる場合があつたり、云ひ表し方に不明瞭な點が多いのである。武藏の時代には、或はこんな言葉の使ゐ方をしてゐたのかも知れないが、それにしては、當時書かれた他の文獻を見るに、もつと用語の正確な解りのよい文章が幾らもあるのだし、殊に劍法書の中にも、五輪書に較べたら、文章的には優れたものが見られるのだから、これは矢張り武藏の文章が拙いのだと見るべきだらう。

世間では武藏のことを、「當時の武人としては文章家の方だ」と譽める人があるが、これは怎う見ても贔屓に過ぎるやうである。今は故人の直木三十五氏が、菊地寛氏と、かつて文藝春秋の誌上で、宮本武藏のことに就て論爭した時、直木氏は五輪書を天下の惡文だと罵つたが、文章家の直木氏の眼には、五輪書が惡文に見へたことは當然のことであらう。事實武藏には文才が無つたやうである。あつたとしたら、彼は畫や彫刻の稽古に拂つた程の努力を、文章に拂はなかつたと云へる。

併し、武藏が文章家であらうと、あるまいと、そんなことは大した問題ではない。私達にとつて問題なのは、五輪書が文章の巧拙以外の意味において、蕪雜であり、理解し難いと云ふ點である。では、五輪書は何故こんな蕪雜な內容を有つに至つたか。無論、それには武藏が文章を書く業に長じてゐなかつた事も原因の一つに數へ得るだらう。併し、文章なるものは、書こうとする事柄が明瞭に意識されて居り、かつ整理されてゐるならば、自ら精緻を示すものである。從つて、武藏が、斯樣に蕪雜なものを書いたと云ふ結果から云ふと、結局は彼の思索內容がまだよく整理されてゐなかつたと見るべきであり、その究理程度も精密でなかつたと見るべきである。

尤も武藏の時代には、この程度の思索を以つて滿足し、一般も亦、この程度の說明で納得してゐたのかも知れないが、現代の如く理論に對する分析的意識が旺盛となつた時代においては、この程度の說明では誰も滿足するものがない。

所が、こゝで特に留意しなければならないのは、この蕪雜と見られ、杜撰と思はれる所に、却つて武藏の思想の特色が存在してゐることである。然もこの事を見逃すと、彼の思想は愈々解らぬことになつて終ふ。何故なれば、元來武藏の思想はこの未追究のまゝで、或は未追究なるが故にまとまつてゐるからである。この事は明に、彼の思想が論理的思索によつてまとめられたものでなく、直觀的にまとめられてゐることを物語つてゐる。從つて彼の思想には、觀念的なものや信仰的なものがあることも否定出來ない。併し武藏は、實踐上に差支へが生じない限り、この事については反省しやうとしないのである。これは明に日本的な物の考へ方だ。無論、日本人である武藏が、日本的な物の考へ方をすることに不思議はないが、その結果は、彼が生涯を通じてそれを修め、それを考へた所のものを世の人に充分説明し得なかつたことは確である。卽ち五輪書の各卷に亘つて、一項目を述べる每に、「この事云ひ分け難し、能々吟味あるべし」又は「この理書き現し難し、能々工夫あるべし」と云つてゐるのがそれである。だから私達は五輪書を讀んでも、結局は直觀的にその內容を把み、以心傳心的にその理を承知するより仕方のない箇所が多いのである。

それ故、五輪書が現代人に讀まれるためには、現代的に書き直す必要がある。私がこの話を述べたのも、實はこのためであつた。從つて、この話の最初から今迄に述べた所のものは、五輪書各卷の內容を、出來る限り整理し、精密に述べたのである。尤も整理の都合上、五輪書中の順序を變更した所は多いが、大體においてこの話の五節から一五節までが水の卷、一六節から二七節までが火の卷、二九節が風の卷、三〇節が空の卷、三一節以後が地の卷に相當する。

だからこの話を全部讀まれた人は、今更ら五輪書を讀む程のことは無い。何故なれば、それは懷古趣味以外は、無意義な反復に過ぎないからである。で私は、五輪書の內容を此所で、殊更紹介する手數は省略する。

元來、この書は、武藏が高弟の寺尾信行に與へたものであつて、以來二刀流の祕傳書として、免許皆傳の者に傳へたのであるが、この他に武藏は、三十五箇條の書と稱ぶものを書き殘してゐる。この方は彼が氣に入つた弟子の誰かれに書き與へたもので、今でも所々に殘つてゐるが、內容は五輪書の水の卷と火の卷を一所にして、三十五ヶ條に書き分けたに過ぎない。だから、これも內容を一々紹介する程のことはない。

それよりも、私達にとつて必要なことは、武藏の思想の特色を更に追究することである。何故ならば、そうすれば彼の劍法の奧底が解るからだ。併し、私達は旣に彼の劍法のイデオロギイを知つて終つたのであるから、殘る所は、彼の人生觀と社會觀の方面である。所で人生觀や社會觀と云ふと、何んだか話が別のやうに聽へるが、劍法を中心とする彼の人生觀と社會觀は、つまり彼の武士道觀として顯れてゐるのである。だから次ぎは、武藏の武士道觀に就て話すことにしやう。

三三、武藏の武士道觀

武藏は云ふ。「凡そ人が世を渡るには、四つの道がある。一つは農人として色々の農具を設け、四季轉變の心得に暇なく春秋を送る農の道、二は商人として品々の善惡を心得、その身その身の稼ぎと共の利を以つて世を渡る商の道、三は工人として種々な道具を工夫して作り、その具〴〵を能く使ひ覺へ、すみかねを以つてその指圖を正し、暇もなくその業をして世を渡る工の道、四は武士として樣々の兵具を造り、兵具品々の德を辨へて世を渡る武士の道、即ち士農工商の四つである。この他に佛法とて人を救ふ道、儒道とて文の道、醫道とて諸病を治す道、歌道とて和歌の道、或は數寄者の道など諸藝諸能の道はあるが、萬人の道は士農工商を以つて本とする」と。そして武藏は、人各々がその孰れの道に從ふもその定めは天命だと解する。そこで人は各自の道において、道の性質を能く辨へねばならぬことになるが、彼は「武士の道においては、文武二道と云つて、この二つを嗜むことが定めであるから、武士たるものは假令無器用な者でも、各人の分際に應じた程は、文武の道を務める義務がある」と考へた。

とは云ふものの、武藏においては武が主であつて、文は從である。この事は、彼が種々な機會毎に、「武士として兵の法を學ばずと云ふこと有べからず」又「この法辨へざるは、武士としての嗜み少し」と云ひ、文の事については、何も云つてゐない事から察することが出來る。尤も武藏自身は、文の道をよくし、特に繪畫彫刻等は、素人の域を脫する程の境地に達してゐた。併し、思想においては、常に武が中心であつて、文はその補助的な存在として取扱つてゐるのである。それ故、彼は、武士に向つて兵法を强要すること、實に熾烈である。卽ち云ふ。

「將たるものは殊にこの道を行ひ、卒たるものも皆この道を知るべきである」と。


所が武藏の解釋では、太刀の道が兵法である。彼は云ふ。

「武藝の道において、弓を能く射れば射手と云ひ、鐵炮を打ち習つた者は鐵炮打ちと云ふ。鑓を使ひ得れば鑓使ひと云ひ　薙刀を覺へては薙刀使ひと云ふ。然るに太刀の道を覺へた者を太刀使ひ、脇差使ひと云はず、これを兵法者と云ふは何故か。弓鐵炮鑓薙刀は皆武家の道具だから、いづれも兵法の道に相違ないが、太刀の道より兵法と云ふは、太刀の德からして世を治める事なれば、太刀は道法の終る所にして」又「武士は二刀を直接身に帶びる役なれば」「この道を兵法と云ふのは道理なり」と。

この說明では實に賴りないが、彼が云はんとする所は、弓鐵炮鑓薙刀等、遠距離から敵を攻擊する武器は、道具の利に賴る所が多いから、武器を離脫した心の自由な働きを修業するには不適當である。所が太刀になると、敵に對する接近の程度がぐつと縮まるから、武器の利と心の働きとの兩方を修めることが出來る。從つて、太刀の道は道法の終局を意味し、この限りにおいて、兵法と呼ぶにふさわしいと云ふのである。

かくて武藏は、この太刀の道を基として武士の法卽ち武士道が定まると考へる。所が彼の劍法は、旣に述べた如く、勝つことを根本の目的とするから、彼の武士道觀は、先刻述べた彼の社會觀とこの目的觀念の二つに依つて構成されることになる。卽ち彼は云ふ。

「凡そ武士達の思つてゐる心を推測するに、大概の者は皆、武士道は只死ぬと云ふ道を嗜むことだと思つてゐるやうである。併し、死ぬと云ふ道は、武士ばかりに限らず、出家でも、女でも、百姓町人でも、皆義理を知り、恥を思ひ、死すべきを思ひ切る事には、その差別の無いものである。だから武士が兵法を行ふ道は、これに依つて只單に死ぬと云ふ道を嗜むのではない。それは何事においても、人に優れることを本意とするのである。卽ち、一身の切合に勝ち、或は數人の戰ひに勝ち、主君のため、我身のため、名を擧げ身を立てるにある。そしてこれを爲し得るは兵法の德である」と。

だから武藏の武士道は、兵法即ち劍法を修めることに依つて完うすることが出來る。併し、武士道を完うし得る劍法は、彼によると、どうやら他流の劍法では駄目らしい。何故なれば、彼は次ぎのやうに云ふからだ。

「常陸の國、鹿島香取の社人共が、明神の傳へと稱し流々を立て、國々を廻つて人に教るやうになつたのは、近頃のことであるが、この他にも兵法者と云ふて、世を渡る者は、劍術一と通りの事しか知らぬ者が多い。併し、古くより武藝に十能七藝とある內、利方と云ふて利の多い藝を習ひ渡る事になつてゐるが、これに依つても解る通り、利と云ふからは劍術一つに限るものではない。劍術一片の利を知つただけでは、劍術は解らない。無論、それが兵の法に叶ふなどは思ひもよらぬことである。世の中を見るに、諸藝を賣物に仕立、我身をも賣物のやうに思ひ、諸道具も賣物にこしらへる心は、花實の二つであつて、花よりも實の少いものである。殊に兵法の道において、色を飾り、花を咲かせ、術を衒ひ、或は一道場、二道場などと、道場の出店を造り、この道を教へる者、又この道を習つて利益を得やうと思ふ者などは、實の心でなく、生兵法大疵の元を作る者である」だから兵法は、實の道を習はねば、役に立たぬことと云ふまでもないが、「我若年より兵法の道に心を掛け、劍術一と通りのことにも手をからし、身をからし、色々樣々の心になつて、他の流々をも尋ね見るに、或は口にて云ひかこつけ、或は手にてこまかなわざをなし、人目に良きやう見せると云へども、一つも實の心に適ふものはない。無論本人は、これで身を利かせ習ひ、心を利かせ付ける事と思つてゐるのだらうが、このやうな事を仕習つても、皆この道の病となつて、後々までも失せ難く、ために兵法の直道が世に朽ち、道の廢れるもととなるものである。だから劍術實の道に從つて、敵と戰ひ勝つには、我流の法を聊も替へてはならぬ」と。

かくて武藏は、この機をのがさず自流の効能を宣傳する。卽ち「この法を學び得ては、一身にて二十、三十の敵にも敗けることはない。先づ氣に兵法を絶さず直なる道を勤めては、手にて勝ち、目に見ることも人に勝つ。又鍛錬を以つて總體自由であるから、身にても人に勝ち、又この道に馴て來れば、心を以つて人に勝つ。此所に至つては、どんな場合でも人に敗けることは無い」そこでこの法を押し廣めて、「善人を持つことに勝ち、人數を使ふことに勝ち、身を正しく行ふ道に勝ち、民をやしなふことに勝ち、世の例法を行ふことに勝ち、何れの道においても人に負けざる所を知り、身を助け、名を擧げる所、是兵法の道なり、一を以つて萬を知るべし、兵法の道行ひ得ては、一つも見えざると云ふことなし」この宣傳で見ると、劍法さえ習へば、武士の道は云ふに及ばず、政治の運用法まで解るらしい。さても重寶な劍法があつたものだ。

併し、武藏の思想を仔細に觀察すると、彼の思想には、「一藝に達すれば萬藝に通ず」との考へが强く働いてゐる。だから彼は劍法さへ學べば、何んでも出來るやうなことを云ふのである。だが「一藝に達すれば萬藝に通ず」と云ふ事は、凡そ藝道の大概は相共通した理を有つから、一藝に達すると他の藝の道が解り易いと云ふ意味に外ならぬ。實際に他をこなすには、矢張その道々を手に掛けて習はねば出來るものでない。だから劍法一つ學んだら、これで何んでもやれると思つたら間違ひだ。それ故、武藏の宣傳は、大いに割引して聽く必要がある。

所が、以上の如き社會觀と武士道觀から、最後に武藏の人生觀が發生する。從つて彼の人生觀は、又劍の道理を基としたものに外ならない。

一、世々の道に背くことなし

二、よろづ依怙の心なし

三、身に樂をたくまず

四、一生の間、欲心なし

五、我事において後悔せず

六、善悪につき他を妬まず

七、何の道にも別を悲まず

八、自他共に恨みかこつ心なし

九、戀慕の思ひなし

一〇、物事に數奇好みなし

一一、居宅に望みなし

一二、身一つに美食を好まず

一三、舊き道具を所持せず

一四、我身にとり物を忌むことなし

一五、兵具は格別。餘の道具はたしなまず

一六、道にあたりて死を厭はず

一七、老後の財寶所領に心なし

一八、神佛を尊み神佛を賴まず
一九、心常に兵法の道を離れず

右は武藏が書き殘した彼の「獨行道」であるが、この十九ケ條の自戒が、そのまゝ彼の人生觀なのである。從つて彼の人生觀は、一條五條十三條の如き實踐主義的性格と、二條十四條十八條の如き純理主義的性格と、三條四條六條七條九條十條十一條十二條十六條十七條に見る如き佛教的性格を有つものである。然も彼の人生觀において、佛教的性格が特に甚しいのは、彼の時代が佛教思想、就中禪宗の思想に影響されてゐたので、彼も亦その影響を受けたものであらう。併し我執多き人の世に、彼の心が如何に潔く、如何に强く、如何に名利を厭い、如何に貪慾を惡みしかが知れるだらう。「寒流帶レ月澄如レ鏡」とは、武藏が常に好んで書いた句だと云ふ。

武藏は、かゝる人生觀に依つて世を渡つた。その結果、彼は生涯娶らず、家を營まず、雲水の如く諸國を流浪し、晩年は細川家の客分とも家士ともつかぬ待遇の下に、生涯を終つたのである。だが彼の劍法の社會的目的たる、「名を擧げること」には成功した。卽ち一世の劍客として彼の名は不朽である。併し、彼の今一つの目的であつた大の兵法の眞價、卽ち治平天下の事業は望みが達せられなかつた。この點では、彼は養子の宮本伊織に及ばない。伊織は小笠原家に仕へて四千五百石を領し、老職として藩國の政道を務めたからである。無論、柳營の幕僚となつた柳生但馬守とは比肩すべくもない。かつて直木三十五氏が、武藏の價値を誹謗した最大の根據も、實はこの點にあつた。併し、當時の高僧妙惠や澤菴と並べて、その聰明を稱へられた程の彼が、治平の業から離れて生涯を終つたのは、確に宿命であり、その宿命の基は彼の人生觀にあることを否定することは出來ないやうだ。

三四、武藏の他流試合

武藏は一生の間に、六十餘度の他流試合を行つた。それは總て彼が武者修業者として諸國を巡歷してゐた頃のことである。從つて彼の中年ころまでのことであつた。

では、六十餘度の試合中、どの試合が一番大試合であつたか。武藏はこの事については何も言つてゐないので、今日私達は、どの試合を大試合として認むべきかは、單に推測を以つて定める外に、それを知る由がない。併し、試合の大小は兎に角、武藏自身にとつて、最も印象的

であつたのは、何んと云つても彼の初試合だつたらしい。武藏は五輪書の序文中に、

「十三歳にして初めて勝負をなす、その相手は新當流の有馬喜兵衛と云ふ兵法者……」

とわざ〳〵記してゐる。

しかし、十三歳といへば、今日なら小學校の生徒である。そのやうな子供が他流試合をしたと云ふことは、なんとなく受け取り難いし、又そのやうな子供に敗けて、一命を奪はれた有馬喜兵衛は、それでも兵法者なのかと疑はしくなる。ところが、この有馬喜兵衛といふのは、記錄に依ると、有馬豊前守の一族で、豊前守は有馬大和守乾信より天眞正傳の神道流を學んだ刀槍の達人であり、始は德川家康に仕へ、のち家康の命により賴宣に仕へて紀州に赴いた程の人物である。卽ち喜兵衛はこのやうな名門の出であるから、彼も亦決して凡庸な士でなかつたことは想像に難くない。すると、それほどの有馬喜兵衛が、なぜ十三歳やそこらの武藏に敗けたのであらうか。これは誰しも糺してみたくなるのが人情だ。所で丹治峰均筆記によると、この試合のことを次ぎのやうに記してゐる。

新當流の兵法者有馬喜兵衛と云ふもの、播州に來り、濱邊に矢來を結び、金みがきの高札を樹て、

「試合望次第可ㇾ致」

と記す。武藏、同輩の童と手習ひに行き、その歸途これを見て、手習筆を以つて高札に墨を塗り、何方に居る宮本辨之助（武藏の幼名）、明日試合可ㇾ致旨を記して僧庵にかへりぬ。

その日の暮に、喜兵衞より使者を指向け、御望みの如く明日試合可ㇾ致と申し越す。僧これを聽き、大いに驚き、使ひの者へ、

「幼年の者が、惡戯致した事なれば、是非許し下さるやう」と詫ぶ。

使者いふ。

「自分は使ひなれば、とかくの返事なしがたし、喜兵衞に面談せらるべし」

僧、致しかたなく、使者と共に喜兵衞の旅宿に趣き、右の次第を告げて斷りぬ。然るに喜兵衞がいふには、

「もつともな事なれど、播州にて高札に墨塗られしとあつては、拙者の面目立たざれば、明日ともかく場所まで同道ありて、稠人衆座の前にてこのこと仰せられよ。しからば幼年の惡戲とわかり、拙者の面目にも拘らじ」と。

僧歸りて武藏を戒め、翌日連れ行かんとするに、武藏は「由もなき骨折りせらるゝものかな」

と、獨言して、脇差一本を帶び、椽の下を覗きて、薪の中より六七尺ばかりの棒一本を取り出し、杖につきて行く。

喜兵衛は早朝より出向き、矢來の中にて待つ。群衆山の如し。僧、喜兵衛の前に出て、

「昨夜も申せし如く、幼年の事なれば、試合は平に御免下さるべし」

と更めて述べるに、その言葉の中に武藏矢來を押し開きて進み、

「喜兵衛とはその方か。サア！　試合參らむ!!」

と聲を掛けて、走り掛かりて杖を以つて打ち込む。喜兵衛も立ち上つて、拔打ちに切りつけ、かくて暫し鬪ひしが、武藏杖を捨て、敵の手元を搔き潜つて組み着き、喜兵衛を頭上に差上げて眞逆樣に落し、杖を以つて十四五打ちければ、即時に死したり、諸人感歎の聲止まず。

武藏こゝにおいて思ふよう。我身を捨て踏み込めば、敵に勝てざる事なしと。程なく庵を去り、武者修業に出で行けり。云々

以上の話は講談でも語られてゐるが、どうやら眞實の記錄ではなさそうである。と云ふのは、武藏が幼年時代を過したのは、作州の吉野郡宮本村か或は母の里方に當る播州の佐用郡平福村で、これ等の地は孰れも海岸から遠く隔つた山間部であるから、「武藤が手習ひ歸りに、濱邊

に設けた矢來の高札を見て云々」は變であるし、殊に試合の有様についても「武藏が子供なので、喜兵衞は輕くあしらふ積りだつた所が、立合つて見ると武藏の攻擊力が意外に强く、思はぬ不覺を取り、これはと立ち直らんとしたが及ばず、遂に打ち据えられて一命を落す」とでもいふのならまだしも、他流試合をするために諸國を巡歷してゐる程の兵法者を、わづか十三歲の子供が、「試合中に相手をかつぎ上げ、逆さに投げつけて」などといふのは、甚だどうかと思はれる。でこの話は、結局武藏の初試合物語りとして聽き置く以外に、餘り詮索しない方がよさそうである。

それよりも、武藏の他流試合中、私達が留意すべき試合は、第一、吉岡一門との試合、第二、宍戸梅軒との試合、第三、佐々木巖流との試合、第四、柳生流との試合等であらう。無論これ等の試合は、世間的に有名なので、既に幾度となく繰り返し語られてゐるが、此所に更めて私達がこれ等の試合に就いて、新なる關心を懷く所以は、それ等を通じて武藏が實戰に臨み、自流の劍法を如何に使つたかを知らんがためである。で私はこの觀點に立つて武藏の試合ぶりを觀察し、實戰裡における彼の戰法を探つて見やう。

(一) 吉岡一門を屠つた武藏の戰法

武藏が京へ上つたのは、二十一歳の秋である。

その頃、京都には足利將軍の兵法師範として、斯界に重きをなしてゐた吉岡家があつた。武者修業の武藏が、京都へ脚を向ける限り、その目的が吉岡家との試合にあることは云ふまでもない。しかし武藏が吉岡家に試合を望む心の裡には、次ぎのやうな事情が介在してゐた。

武藏の父、平田武仁は無二齋と號し、十手の術に達した人で、將軍足利義昭の招きを受けて、將軍の師範役吉岡憲法と試合をした。この勝負は三度を限りと定めて行はれたのであるが、結果は吉岡憲法が一度利を得、平田武仁が二度の勝ちを制した。將軍義昭は平田武仁の技を賞して、日下無双兵術者の稱號を授けた。こゝにおいて無二齋の名は大いに世に顯れたが、それ程の父の兵術をも武藏は少しも感心しなかつた。そのため父の怒りを買つたことさえある彼である。この事は、劍法に對する彼の考へ方が、その頃から旣に異つてゐたことを物語るものであるが、父なき後において、自得の劍法が父の劍法に優ることを實證するには、父が勝つたと云ふ吉岡流に、自分も亦勝たねばならぬ義務があるからであつた。

もつとも、武藏が吉岡家へ試合を申し込んだ時は、流祖の憲法は旣に世を去り、子の淸十郎が家を繼いでゐた。しかし憲法が殘した劍の技法とその遺風は美しく保たれてゐたので、京流（吉岡流の別名）の名は、なほ斯界に嚴たる威信を誇つてゐたのである。だが武藏の心に映じた京流は、劍の技法を尊ぶ形式主義の劍法である。勿論、いかなる劍法も後繼者の代になると、流祖の心を離れて、その內容が形式化するものであるが、形式化した劍法は實際の役に立たないと武藏は觀るから、彼が京流と試合することは、この考への正否を糺すことでもある。

武藏は、淸十郎と洛外の蓮臺野において試合することになつた。勿論武藏は旣に淸十郎の人物については充分に聽き知つてゐた。京流吉岡家の御曹子として育つた淸十郎は、父憲法の遺風を如何に傳へてゐても、所詮は溫室の花である。劍の技法は心得てゐても、戰ひの心法を會得してゐるかどうか。よし又心法を會得してゐるとしても、鬪志に缺ける所はないか、これ等の諸點を測定して見て、武藏は淸十郎を恐るべき敵とは思はなかつた。併し、「實際の戰ひにおける敵は、その場に臨んで觀察すべし」といふのが彼の信條である。武藏は豫測がどうあらうと、決して敵を侮らない。

武藏は木刀を携へて蓮臺野へ出向いて行つた。彼が木刀を持つて出掛たのは、試合の性質が只技を較べるためのものだからである。ところが淸十郎は眞劍を以つて武藏に對した。無論この事に就いて武藏に異存のあらう筈はない。當時の他流試合は、眞劍おかまひなしといふのが定法だからである。それに又、幾度か眞劍の下に身を曝して來た武藏の體驗によると、戰は機先を制する所に勝利がある。然も機先を制するならば、勝負は一擊一瞬の間に決するもの、そこには眞劍と木刀の差がない。即ち武藏にとつては眞劍も木刀も同じなのである。

武藏が、蓮臺野へ姿を現はした時には、淸十郎は武藏の來るのを待ち疲れてゐた。武藏が敵の銳氣を殺ぐために、わざと遲れて行つたからである。

淸十郎は、武藏の姿を認めると、直ちに大劍の鞘を拂ひ、武藏の近づくのを待ち受ける。臆面もなくヅカヅカと步み寄つて來る武藏。木刀を右手にさげ、無造作に步み來る武藏の有樣は、未だ試合の氣配りなど何もしてゐないやうに見える。淸十郎は武藏のその不用意なのに呆れると共に、一面では氣を呑まれて、唯見守つてゐるのみであつた。そして氣が附いた時は、武藏が意外に近く進んで來てゐるのにハッとした。距離が早や腕を延せば互の劍先が屆くほどに迫つてゐたからだ。これ以上の猶豫はすべきでない。淸十郎は打ち出そうと思つた。

と、その氣持ちの出鼻を押し潰すやうに、武藏の木刀の先が突き上げて來た。

さては、突き！

清十郎は身を引いて避けやうとした。しかし武藏の木刀は淸十郎の顔を突かず、そのまゝ上の方へ去つてしまつた。淸十郎はホツとした。そして彼は、この機會を外さず打たねばならぬと心を立直した。

が――その時！

淸十郎は自分の頭上に、強い衝撃を感じた。突くと見えた武藏の木刀が、そのまゝ上へ擧がると、直に打ち下されたのである。卽ち二刀流「喝當の打」（喝！と突く如く見せて刀を擧げ、直に當！と打ち据える刀法）が美事に定つたのだ。

淸十郎は倒れた。そして呼吸さへ止めて終つた。動かぬ淸十郎。武藏はその姿を暫し見守つてゐたが、やがて彼は蓮臺野の塵を拂つて去つた。

報を聽いて驚いたのは今出川の吉岡家だ。馳せつけた門下達は、倒れた淸十郎を戶板に載せて歸つて來た。醫者よ、藥の看護、淸十郎は幸ひ一命を取り止めたが、面目なしとて兵法を捨て、剃髮してしまつた。

然るに、淸十郎の弟に傳七郎と云ふのがあつて、これが兄の雪辱を想ひ、武藏へ試合を申し込んで來た。

傳七郎は非常な大力で、技も淸十郎より强いと云ふ噂のある人物である。しかし、京流の價値を見拔いて終つた武藏は、最早や何人と云へども恐れない。彼は試合を承諾し、傳七郎と再び洛外で相會することにした。

この試合にも、武藏は遲れて行つた。じれきつた傳七郎は、武藏を認めるや否や、驅け寄つて來た。所が、武藏は傳七郎が五尺餘の大木刀を持つてゐるのを見て面喰らつた。木刀の大きさに驚いたのではない。彼はこの試合を兄の復讐試合と見做してゐたので、當然眞劍勝負と思ひ、木刀は持つて來なかつたからである。だが木刀を持つ傳七郎へ眞劍を向ける氣はしない。武藏はためらつた。が一瞬の後、彼は決然として突き進んでゐた。

「身に兵法を得ては、無手にても勝つ」

日頃の信念が湧き起つて來たからだ。しかし傳七郎は武藏が眞劍を拔くものと思ひ、そればかり氣にしてゐた。所が武藏は素手のまゝ進んで來る。そして傳七郎が敵との間積りに氣付いた時には、武藏は旣に五尺の木刀が長すぎる程、身近く迫つてゐた。

傳七郎はハッとした。

その心の動揺を見逃す武藏ではない。彼はその機を狙つて傳七郎の木刀を奪ひ取つてしまつた。そして驚いた傳七郎が、あわてゝ身を退かんとする所を、

グワン!

と打ち据えた。木刀が大きければそれだけ力が這入る。傳七郎の頭蓋骨は砕け、その場から彼は浮世に暇を告げた。

度々の不首尾に吉岡一門は騒ぎ立つ、門人達は評議の結果、淸十郎の子又七郎を押し立て、洛の東北、一乘寺藪の鄕、下り松のほとりで試合したき旨を武藏に申し込んだ。無論、武藏はこの試合も承諾したのである。

さて、武藏はひそかに考へた。

「淸十郎と傳七郎の時は、何時も遲れて行つたが、これは敵が一人だつたからである。多勢の敵に向ふには、先に行つて待ち受けるにしかず」と。

一番鷄の鳴くころに、早くも身支度をして、彼は出かけた。

その途上に八幡の社がある。武藏は神前に勝利を祈願して行かうと思ひ立ち、拜殿へ登り、振鳴らしの垂緒を把つた。が忽然として心に浮んだのは、「我れ神佛を尊びて、神佛を頼まず」

との日頃の誓言である。

「今更祈つたとて、神が何んできこしめすものぞ！」

彼は自分の心の拙さをはぢて、神前を驅け下りた。後悔の冷汗が足の踵まで感ぜられる。武藏はその氣持ちから脱れるやうに走り出した。そして一乘寺下り松の試合場へ驅けつけた。

夜はまだ明けず、あたりは靜寂である。武藏は松の根方に腰を卸し、息を入れながら時刻を待つ。そこへ多勢の人影が近づいて來た。

「武藏め、又遲れて來る積りだらう。心にくい奴だ。兎に角、あの松蔭で休憩することにしやう」

武藏は彼等の話聲を耳にして、きつと眺めると、提燈の灯に浮ぶのは確に吉岡家の一黨である。

武藏は立ち上つた。飽くまで機先を制せんとする彼の手には、大劍のみか小劍までが拔かれてゐた。二刀流多敵の構へ！（双刀を左右の脇へ開いて提げた構へ方）

「ヤア！　又七郎、待ちかねたぞ!!」

叫ぶ聲と共に武藏は早くも大勢の中を割つて又七郎へ突進した。

場馴れぬ又七郎は、武藏の姿に驚きあわてて、刀を拔き合せる間もなく、武藏の大劍を眞正面から浴びてしまつた。周圍に居合ぜた門下共は、これもあわてて槍を突き掛け、半弓を射向け、劍を拔いて切り込んだが、武藏の身體が跳ねて、左右の二刀が鳥の羽ばたきの如く動くと、前を遮る者は薙ぎ拂はれ、追ひ崩されて、どれもこれも命辛々逃げ迷ふ。

亂鬪修羅の巷が再びもとの靜寂に歸つた時、武藏の袖に一筋の矢が刺さつてゐた。だが彼の身體には、はげしい活動のための汗以外、一滴の血も流れてはゐなかつた。

吉岡家はこの事の後、斷絶してしまつた。

武藏はその後、この試合のことを他人から尋ねられると、その度に、

「事に臨みて心を變ぜざるは難しきことなり」

と述懷した。八幡の神前で祈らうとした氣持を、彼はいつまでも愧ぢたからである。

(二) 宍戸梅軒との試合

宍戸が梅軒と號したかどうか、これは吉川英治氏に訊ねて見ねば解らない。しかし、宍戸が伊賀の住人で、鎌鎌の達人だつたことは確である。吉川英治氏の小說では、この宍戸を無頼の

徒のやうに書いてゐるが、それは小説の綾である。本當は伊賀近鄕にまで知られた兵法者で、多數の門人を有ち、人の師表に立つ人物だつた。

所で、武藏と宍戸の試合であるが、これは宍戸が鎖鎌の使ひ手といふ變り種なので、世人の興味を引き、いつも話題を賑はしたやうだ。殊に武藏以後の二刀流に「三心刀」と稱へられる構へがあるが、この刀法こそ、武藏が宍戸との試合に用ひたものとして傳はる刀法である。三心刀の事は後で述べる。

さて武藏は廻國修業の脚を伊賀へ入れると同時に、宍戸の名聲を耳にした。そして鎖鎌の名手だと云ふ點が、武藏の好奇心をそゝつた。で武藏は自ら宍戸の門を訪ねて試合を申し込んだのである。

宍戸も武藏の名は既に聞いてゐた。だが武藝者として世に立つてゐる限り、試合を求められて辭する彼ではない。殊に彼が得意とする鎖鎌の術は、未だ如何なる武藝者も破つた者がなく、それだけ彼の自信も强かつた譯である。

一體、鎖鎌と云ふ武器は、使ふ人の好みで多少違ふやうだが、大體、鎌の刄渡りが一尺三寸、柄が一尺二寸、柄に付けてある鎖の長さが六尺、鎖の先に分銅が着いてゐるのが標準である。

用法は左手に鎌を持ち、右手で鏁の中程を握り、右手に垂れた鏁を廻轉しつゝ構へる。構へには、矢張り上段、中段、下段の三つがあるが、それは鎌の方で、鏁の方は常に右手で廻轉することに變りがない。

講談などでは、鏁鎌の用法を、鏁に付いた分銅と鎌が交互に攻撃するもののやうにいふが、實際はそんなことはない。分銅の方は廻轉してゐるのだから、いつでも飛びついて來るが、鎌の方はそう無暗に飛んで來ない。鎌は敵と接近して始めて効力を發生する武器である。だから距離がある間は、分銅に注意すれば良いので、鎌の方は問題にならぬ。

所で鏁鎌の有つ特色中、特に見逃してはならぬ點は、鎌の柄と右手との間にある鏁の用法である。これは敵が斬り込んで來た時、又は突き進んで來た時、この鏁を引張つて鏁の棒を作り、それにて敵の太刀を受けたり、摺り外したりするのである。從つて、鏁鎌を持つ敵の手元へ突入することは非常に困難だ。殊に廻轉してゐる鏁に、こちらの武器を捲きつかれたら、それこそ彼の術中に陷つたも同然で、鏁鎌使ひはこの時、捲いた鏁を右下方へ引き外しながら、左手の鎌で突進して來る。それが又實に機敏だ。講談などでは、鏁が捲きついたら、もうしめたとばかり鏁鎌使ひの方が落着いてしまつて、ヂリ〳〵引張るやうにいふが、そんな間の抜けた鏁鎌使ひはゐない。だから此方は鏁鎌に捲きつかれたら、直に飛び込んで來ると思つてゐなければならぬ。

以上の如く、鏁鎌の用法を觀察して來ると、これを相手に戰ふことは中々難しくなる。では武藏は如何に戰つたか。

試合は野外においてなされたのであるが、宍戸は武藏が歩み來る姿を見るや、手馴れた鏁鎌を構へて、早くも鏁を廻轉し始めた。その有樣を見て、武藏は見事だと思つた。だがこれを破るには……武藏は先づ分銅の廻轉位置を測る必要があると考へた。そのため、彼は右手に拔いて持つてゐる大刀を左手へ移し、右手で更に小刀を拔き、これを頭上で廻轉し乍ら進んだ。即ち、小刀の廻轉を敵の鏁の廻轉に合せて廻轉し、その廻轉位置を自分の手の感覺によつて測るためである。

宍戸梅軒は武藏のこの奇妙な構へを見て驚いた。その驚きは構へが奇妙だと云ふだけではない。分銅を打ち着けやうとすれば、頭上で廻つてゐる小刀が邪魔になる。そうかと云つて、小刀へ鏁を捲きつけて鎌で突進するには、左の大劍が恐ろしい。又大劍の方へ鏁を捲きつけて置いて入り込むには、小劍の存在に鎌の自由を制せられる心配がある。梅軒はハタと困つた。所が武藏はと見ると、これは平氣で進んで來る。梅軒はそれに壓せられて思はず後へさがる。

武藏は勝負長しと察した。で彼は一瞬の間に意を飜し、梅軒の鎌が下方へ廻つた時を狙つて
「エイッ！」

頭上で廻轉してゐた小劍を、突如梅軒の胸元へ投げつけた。餘りの不意に、梅軒は身をかわす暇がなく、

「アッ！」

聲の下で武藏の投げた小劍が、彼の胸に差さつてゐた。

「しまつた!!」

梅軒はあわてた。その心の亂れが又鎌の廻轉を亂す因だつた。そこを逃す武藏ではない。

「エイッ！」

左手の大劍の先が再び梅軒の胸板を突き差した。

「何を!!」

梅軒は身をそらして、その切先を避けたが、そのため完全に崩れた體勢は最早やどうにもならなかつた。そこへ武藏の大劍が上からザクリ。

周圍にあつて、試合の成り行きを見物してゐた宍戸の門人達は驚いた。

「先生斬らる！　それ!!」

とばかり、總立ちになつた門人共が、拔きつれて武藏へ斬り掛かる。しかし、武藏には旣に用意があつた。彼は梅軒が倒れると、直に胸に差さつた小劍を拔き取つてゐた。二刀を握り、それを左右に開いて立つ彼、それは多勢の敵に向ふ時、彼が常に用ひる構へである。然も場馴れた彼の太刀風は烈しい。群る宍戸の門人共は一と溜りもなく斬り立てられて、木の葉のやうに散つて行つた。

この試合において武藏が用ひた刀法は、無論彼が敵を見て臨機應變に考へ出した構へにすぎないが、武藏の歿後、二刀流各派に形として傳へられた。然もこの刀法は、鎖鎌との出合にのみ適するばかりでなく、太刀との出合ひにも適するものとされ、三心刀の名で現在まで殘つてゐる。

この刀法を何故三心刀と名付けたかは不明であるが、想ふに、小劍を廻轉して敵の注意をこれに誘ふ心が一つ、敵の太刀をこれにて受け止める心が一つ、そして左に持つた大劍で敵を突く心が一つ、以上三つの心が一所に組み込まれてゐるところから、この名が生れたのであらう。

然し又一說には、淨土宗の「三心」を擬してこの名を付けたとの說もある。この事は後章で詳しく述べるから、こゝには略す。

要するに、宍戸梅軒と武藏の試合は、鏁鎌なる武器の利に賴る劍法と無形式主義劍法との試合であり、而して後者の勝利を物語るものである。

（二） 巖流と武藏の試合

武藏と佐々木小次郎との試合は、「巖流島試合」の名で世に知られてゐる。所で巖流を小次郎の名の如く思つてゐる人が多いが、實は巖流と云ふのは、小次郎が創めた劍法の流名である。

一體、佐々木小次郎とは如何なる人物かといふに、彼は越前宇坂の庄、淨教村の產で（一說には長州岩國の產といはれてゐるが、これは誤傳である）、同地の劍客富田勢源の家に養はれ、劍を勢源から學んだ人である。

富田勢源は富田流三代目の主で、五郎左衞門入道と稱し、刀槍の術に達し、その技輕捷を以つて知られた人である。中年以後は眼病を病み、そのため家を弟の治郎左衞門に讓つて、自分は剃髪し、永祿三年五月、國を離れて美濃に移り住んだが、彼の劍名は愈々高く、教へを乞ふ者が絶えなかつたといふ。

ところで、小次郎だが、彼は勢源の許に在る間、幼少のころから稽古を見覺え、成長するにつれて勢源の打ち太刀を勸めるやうになつた。勢源は一尺五寸の小太刀を持ち、小次郎には三尺餘の太刀を持たせて試合ふのを常としたが、元來、小次郎は豪膽な性格の上に、壯健無比な體質に惠まれてゐたので、劍技の上達が早く、後には勢源門下の高弟達も、彼に及ぶ者が無くなつてしまつた。そこで、小次郎は自ら求めて、勢源の弟治郎左衞門と勝負を決した所、これにも勝を得たので、大いに自分の技能が優れたことを誇り、遂に勢源の許を缺落して、自ら一流を樹て、「巖流」と稱へた。

では巖流とは、如何なる劍法か。今日それを知ることは困難であるが、種々な事柄を照し合せて見るに、それは富田流の流れを汲むものに他ならない。即ち、富田流は元來が劍の速捷を尊ぶ劍法であるが、小次郎の巖流も亦速技を愛する劍法である。このことは巖流の祕技として傳はる「虎切刀」が明かに物語つてゐる。虎切刀とは、俗に巖流の「飛燕切り」又は「燕返し」などと噂される劍の用法であつて、何故、「虎切刀」と稱したかは不明であるが、その內容は次の如きものである。

小次郎は橋の下をくぐつて飛ぶ燕を斬つて、速劍の技法を會得した。飛燕を切るには、正確に速く劍を振る鍛錬を必要とする。では速く正確にさへ劍を振ることが出來れば、燕が斬れるかといふと、無論それだけではだめである。何故なれば、燕には眼があるし、危険を感ずれば身を飜して避ける敏捷さもあるからだ。そこで本當に燕を斬るには、切りつけた劍を燕が身を飜して避けても、その避ける方向を見失はず、突差の間に劍を返して切り拂ふほどの手練を必要とする。これが出來ねば飛燕は斬れない。小次郎は練習の結果その呼吸を會得した。しかし、彼はこの技術を解釋するに當つて、それをなし得るは劍の働きの敏捷さであると考へ、飜轉する燕の方向を見失はぬ觀察力の重要性に氣附かなかつた。無論、全然氣附かなかつた譯でもあるまゐが、それを重要視しなかつたのである。もし彼がこの點に氣附いてゐたら、彼もまた武藏と同じく、速劍の技巧を排斥する劍法論者の一人となつてゐたかも知れない。

それは兎に角、彼はこの速劍の技巧に「虎切刀」の名を與へ、巖流の祕技として諸國を巡歷し、名ある劍客達と出會ふ毎に試合を行つたが、一度も敗れたこと無く、その度毎に劍名を高めて行つた。そして豊前の小倉に來た時、當時小倉の太主であつた細川忠興に迎へられ、細川家の劍道師範となつた。以來彼の名は大いに顯はれ、九州は勿論のこと、中國筋から京阪の地にまで、彼の名が喧傳されるに至つた。

そのころ、武藏は京都に足を止めてゐたが、小次郎の名聲と劍技の並々ならぬことを耳にすると、彼は小次郎と技を較べて見たい氣持になつた。速劍の技巧は劍法の本義にあらずと解する武藏としては、これは當然のことである。で武藏は慶長十七年四月、京都を立つて小倉へ下り、細川家の家老長岡佐渡興長が、嘗て武藏の父無二齋の門人であつたといふ緣故を辿つて、小次郎との試合を細川家へ願ひ出た。

太守忠興は佐渡から委細を聽くと、直に試合を許し、日と時刻を定め、船島(別名向島)において試合せしめること、並びに試合の當日は、双方の贔屓及び見物の者等が、船島へ出向くことを嚴禁する旨を命じた。

船島は、小倉から海上一里の所にある小さな無人島である。佐渡は右の次第を武藏に告げ、「明日辰の上刻、船島へ出向かれたい。佐々木は太守の船で渡ることになつてゐるから、貴殿は私の船で渡られるやうに」と云ふ。

武藏は喜びの色を顏に浮べながら、佐渡の厚意を深く謝した。然るに夜になると武藏の姿が見當らない。長岡家では不審に思つて、所々を尋ねてみるが、矢張り行衛不明だ。さあ！こうなると何時の世にもおせつかい屋がゐる。

「武藏は、自分から試合を願つたものの、小次郎の技倆が絶妙なのを聽いて、臆病風に吹かれ、逃げ去つたのだらう」との噂が立つた。

これが本當だとすると、推薦者たる佐渡の面目は丸潰れになる。長岡家の心配は一通りでない。しかし、佐渡は見識ある人物であるから、心配の中にも、

「武藏は懼れて遁げるやうな人物ではない。これには必ず仔細があらう」

と想ひ直し、家人を呼んで、

「彼は先日下關に着いて、翌日こゝへ來たのだから、明日も下關から船島へ渡る積りかも知れない。直に下關を探して見よ」

と命じた。そこで家人が急いで飛脚を遣つて、下關を尋ねて見ると、果して武藏は海船問屋小林太郎左衛門の家に泊つてゐたのだつた。そして飛脚から事の委細を聽いた彼は、折り返し書面を佐渡へ送り、自分が下關へ來た事は、長岡佐渡の船で船島へ渡ることの心苦しい所以を述べ、明日はこゝから船で出向くことを返事した。この手紙を見て佐渡が愁眉を開いたことは

云ふまでもない。

明くれば四月十三日、いよ〳〵試合の當日である。所が、武藏は日が高くなるのに起きやうとしない。宿の亭主、太郎左衞門が氣を揉んで、

「もう辰の刻ですよ、お起きにならんと間に合ひません」

と起して見たが、矢張り起きやうとしない。そこへ小倉から飛脚が來て、

「小次郎殿は先刻船島へ渡りましたから、武藏殿も早く渡つて戴きたい」と促す。

武藏は漸く床を離れた。彼は手水を使ひ、食事を濟ますと、主人を呼んで櫓を貰ひ、大工道具を借り受けて、木刀を削りにかゝつた。この間にも小倉から飛脚が來て、しきりに渡海を催促する。しかし、武藏はそれにかまわず木刀を削り、その出來上るのを待つて始めて身支度を整へ、船へ乘つた。

船は太郎左衞門の家の船頭一人が漕いで行く。船中での彼は、懐紙を以つて紙捻を作り、それを襷に掛けると、後は乘船の時に持ち込んだ綿入れを覆つて寢て終つた。

武藏の乘船が船島へ着いたのは、巳の刻過ぎである。約束より二三時間遲れて行つた譯だ。

島では、細川家から派遣された檢使と警護の者以外は遠避けられ、號令の嚴重なことが一眼

で知れる。武藏は船頭に命じて、船を島の洲の鼻に着けさせた。そこは非常な遠淺の場所で、陸地までは數十歩渚の水中を渉らねばならぬ。

武藏は船が停まると、覆つてゐた綿入を脱ぎ、脇差だけ差して、大刀は船に殘し、先刻削つた長さ四尺一寸八分の木刀を提げ、裳を高くからげて、素足のまゝ船から下り、渚の水に足を濡らしながら、陸地の方へ歩み出した。そして歩みながら、彼は手拭で一重の向鉢卷をした。丁度子守女が髮の亂れを止めるためにする鉢卷のやうに。

ところが小次郎の方は、染め皮の立附けに猩々緋の袖無し羽織を着用し、草鞋で足を固め、「物干竿」と異名のある備前長光三尺餘寸の大刀を帶び、武藏の來るのを待ち受けてゐた。今日から想像すれば、その姿は將に猿芝居物だが、これで本人は氣が狂つたのではない。むしろ晴れの試合を飾る得意の姿なのだ。だからその點は安心だが、武藏のために三時間近くも待ち呆けを喰つた彼の神經は、確にいら立つてゐた。卽ち、彼は武藏が彼方で船を下りる姿を見ると、憤然として立ち上り、波打ち際へ驅け出した。そして武藏へ怒鳴るやうにいつた。

「時刻に遲れるとは何事だ！　氣遲れがしたのか」

だが、武藏は聞えぬふりをしてゐた。これは敵を怒らせるためではあつたが、實はこの時旣に、武藏は小次郎の樣子を透して、その心の動き方を觀察し始めてゐたのである。

それに氣付かぬ小次郎は、いよ〳〵怒りを現はして、長光の大劍を拔き放つと同時に、鞘を擲げ捨てた。鞘は飛んで水中へ。その有樣を見た武藏は、わざ〳〵立ち停つて、

「小次郎の負けだ」と笑ひながらいふ。

赫つとなつた小次郎が、

「何故、我の負けか」と、烈しく問ひ返す。

「勝つ氣なら、鞘を水中へ捨てずともよからう」と武藏の揶揄。

怒りの極に達した小次郎は、言葉の代りに大劍を眞甲へ振り冠つた。

戰機を知ることの敏い武藏は、この機會を遁してはならぬと思ふ。何故なれば、小次郎に時を許せば、彼も手練の劍客たる限り、日頃の習性として、振り冠つた劍形の中から、冷靜を取戻すからだ。

武藏は急速に小次郎へ近づいて行つた。外目には、それは餘りにも大膽と見えたかも知れない。果せるかな、小次郎は武藏が間を詰めて來るのを見て、武藏の眉間へサツと切り下げた。

だが小次郎の得意は初太刀にあるのではなく、その返しにあることは旣に述べた通りだ。それ

を知る武藏は、突差に前進を止めて、小次郎の劍先を遁れると、前進中に振り上げた木刀を、片手打ちに延ばして、小次郎の頭上へ打ちおろした。「敵が打つ後を打つ」これ二刀流特有の打ちである。これには流石の小次郎も速劍の技をふるう暇がなかつた。何故なれば、技を行ふ前に、彼の頭蓋骨は、武藏の木刀のため激震を起したからである。

小次郎は、目が眩んでその場に倒れた。とは云へ、彼の劍も武藏が豫期したよりは延びてゐた。卽ちその切先は、武藏の鉢卷の結び目を切り放ち、手拭を地に散らしたのだつた。

武藏は、しばらく小次郎の樣子を見詰めてゐた。倒れてゐる小次郎は、なほ呼吸をしてゐるし、その樣子の何處かには、まだ鬪志が漲つてゐるやうに思はれるからだ。では小次郎がいつまでも動かうとしないのは何故だらうか。武藏は見極めかねた。で、彼はそれを驗すため、再び木刀を振り上げて、小次郎へ向ふ氣勢を示めした。と、倒れてゐる小次郎が、突然武藏の脚部を橫に切り拂つて來たのである。

だが、何時の場合も用心を缺かぬ武藏である。直に踏み足を退いたので、劍先は膝の上に垂れた袴の裾を三寸程切つて走つた。武藏は隙さず木刀を打ち卸した。この時は兩手だつた。力の籠つた木刀が、倒れてゐる小次郎の胸で鳴つた。肋骨の碎けた音。小次郎の口と鼻から血が流れ出した。猩々緋の袖無し羽織は顏まで唐紅に染めて、最後を飾つたのである。

武藏は、やゝあつて、木刀を捨てると、手で小次郎の鼻を覆つて生死を伺つた。呼吸は全く止つてゐる。戰ひはこれで終つたのだ。怨恨の闘ひでないから、止めを刺すのは法でない。後で息を取り戻せば、それは小次郎の幸ひである。武藏は徐ろに立ち上ると、檢使の方に向ひ、遙に禮を送つた。そして木刀を拾ひ上げ、待たしてあつた船に乘り、船頭とともに棹さして洲から船を離すと、そのまゝ下關へ歸つて行つた。

呆氣ない話だが、世に有名な巖流島の試合は右の如きものである。尤も巖流島の試合に關する記述は、この外にも種々なものがあるが、それらは總て後から書かれたもので、信用の出來るのは一つもない。從つてこゝには採らないことにする。

ところで、巖流島の試合について、劍法上問題視されるのは、武藏がこの試合に二本の木刀を使つたといふ說である。

如何にも武藏は二刀を使ふのが看板であり、この試合を爲した頃には、彼は既に二刀の用法を會得してゐたのだから、二本の木刀を使用したといふ說は、一般向きである。だが、作戰的にいふと、眞劍を持つ敵に向つて、二本の木刀を用ひることは無意味である。何故なれば、眞剣を木刀で受け止めることは不可能と云つてよいほどだから、敵が眞剣を持つ場合は、二刀の組太刀（双刀を十字形に組んで、その叉に敵刀を受け止める）は用をなさない。すると二本の木刀を持つて臨んでも、その効能は薄弱だ。殊に小次郎の如き速剣の妙手に對し、二本の木刀を組太刀として使用できず、それを別々に振りつけることになると、かへつて危険が増大する。だからこの試合においては、武藏は必然に一と打ちで敵を屠る作戰を採らねばならず、さうすると、木刀を二本持つことは、無意味になる。事實、巖流島の試合に用ひた木刀の雛形として世に傳はる品は木刀一口である。もし二本を使つたとすれば、二本とも傳はつてゐるはずだ。このやうに考察して見ると、私達は矢張り、彼が一本の木刀を用ひたと云ふ説を採るべきである。

ところがまた、武藏が木刀を用ひたといふことについて、更に次のやうな説を主張する人がある。

即ち、平山子龍の鈴木扈言に曰く、

「岸流は物干竿と名付けたる三尺餘の大刀を用ふ。武藏は二刀なれば短刀なり、武藏敵し難きを知り、一計を生じ、水主に櫓櫂を乞ひて、大木刀となし、これを以て叩き殺せしなるべし、こゝが武藏なるべし、武藏に非んば如此に轉化することはあるべからず、云々」

だが「長きにても勝ち、短きにても勝つ」といふ武藏の信條からいへば、彼が劍の長短を氣にして、木刀を選んだとは思へない。ことに武藏がその頃所持してゐた刀は、刀身三尺八分の伯耆安綱であるから、決して短劍ではない。從つて、これは試合なるが故に、木刀を用ひたと見るべきである。

では、木刀の長さを四尺一寸八分に削つたのは何故か、この疑問は誰しも懷くところであるが、當時の劍客は、大概このくらひの木刀を使用するのが普通だつたし、身長六尺に近い武藏の腕力からいつても、この程度の木刀は、使ひころの品だつたであらう。從つて、木刀を四尺一寸八分に削り上げたことは、作戰上特別な意味があつたとは思へない。だが、彼が小次郎に向つて、間を詰めて行つた時、小次郎の劍が自分へ屆く距離を測定した結果、延び來る小次郎の劍先をはづしながら、直に小次郎の頭上を打つには、木刀を片手延ばしに打たねば、屆き難いと考へたことは確である。そこで、彼は木刀を削る時に、既にこの事を豫期して、計畫的に長さを四尺一寸八分に削つたといふことも出來る。しかし、そこまで立入つて觀察することは、人々の想像に委せるより仕方がないことだ。

要するに、巖流島の試合における武藏の戰法は、戰ふ前にまづ敵の心を疲勞させ、次に逆上する程怒らせ、敵の冷靜をすつかり奪つておいて、いよ〳〵の場合に敵から仕掛けさせ、その仕掛けたところの隙を狙つて、一擊に打ち果すと云ふ、心法の活用に終始したのである。そして劍の技巧、ことに速劍の妙技を誇る劍法が、心法の前には役立たぬことを如實に證明したのだつた。

(四) 柳生流と武藏

武藏が、武者修業の旅をなしつゝ、自己の劍法を研磨してゐる間に、柳生流の劍法が劍道界の新興勢力として、世上に隆々たる地步を占めて來た。從つて、武藏は到る所でこの新興勢力と鬪はねばならぬ運命におかれた。卽ち彼は行く先き先きで、柳生流の劍士と試合ふことを餘儀なくされたのである。ではそれ等の試合はどのやうになされたか。以下その二三を選んで紹介して見やう。

武藏が江戸へ出て間もなくのこと、柳生流の劍士大瀨戸と辻風といふ二人が、突然武藏を訪ねて試合を申し込んだ。この兩人は柳生門下の中でもなか〳〵の使ひ手で、特に辻風は豪劍を以つて知られた劍士である。

武藏は、兩人から試合を申し込まれると、直に承諾して、庭へ出て立合ふことにした。最初武藏に向つたのは大瀨戶である。大瀨戶は身仕度を整へると、木刀を柳生流の中段に構へて進み出た。

武藏は二本の木刀を下段に提げてそれを迎へたのであるが、大瀨戶の樣子を見るに、劍氣に氣魄が缺けてゐて、なか〳〵打ち込んで來そうにない。で彼は敵の心を釣り出すために、右劍をスツと振り上げた。するとそれに誘はれたか、いきなり木刀を振り冠つた大瀨戶が、打ち掛けやうとする。だが武藏は、早くもその打ち出そうとする先をハツシと打ち据えたので、大瀨戶はその一擊で、一とたまりもなく、その場へ倒れて終つた。

卽ち、武藏がこの場合用ひた刀法は、二刀流の「待々の先」（我も打うとし、敵も打うとする時、我靜かにして見せ、敵の氣たるむ所を直に打つ刀法）である。

續いて辻風が激しく打つて掛つたが、力まかせに振り立てる彼の木刀は、武藏の木刀にことごとく受け止められ、段々あとすさりをして行く間に、どうしたわけか仰向けに打倒れ、緣先の手水鉢で脊骨を打つて、そのまゝのびてしまつた。

これでは全然勝負にならないが、この時武藏が用ひた戰法は「打ち合ひの理」であつて、打ち合つてゐる間に敵を次第に窮地へ追ひ込む方法である。

だが、あからさまに云へば、大瀬戸にしても、辻風にしても、最初から武藏の敵でなかつたことはいふまでもない。だからこの試合は、まあ弟子が先生に稽古して貰つたやうなものである。


これは、武藏が出雲の藩守松平出雲守の城中に滯在してゐた時のことである。この松平家には強力な兵法者が多かつたので、それが自慢の出雲守は、家中で最も兵法達者なものを選んで、武藏に試合することを所望した。

「承知しました。何方なりとも」

武藏が即座に承知したので、試合は取敢ず書院の前庭で行ふことになつた。

やがて、選ばれた家士が、八尺餘の八角棒を携へて前庭に現れ、棒を横たへて控へながら、武藏の支度を待ち受ける。

武藏は常用の木刀二本を提げて立ち上り、書院から庭へおりる踏段を徐におりかけたが、控へてゐる家士の樣子を見るに、家士は書院の踏段を橫身に受けて、武藏がおりて來るのを只待つてゐると云ふ態である。

「何んと云ふ不用意ぞ！」

武藏は心につぶやくと、急に二本の木刀を、踏段の中途から中段に構へて、いきなり家士の顏を望んで突いて出た。驚いたのは家士である。彼は驚くと同時に怒つた。まだ試合の挨拶も交さないのに、しかも踏段の上から突かれたのだから、これは當り前だ。家士は急いで八角棒を取り直し、立ち上らんとする。

が、武藏は家士にその暇を與へず、直に相手の二の腕を左右の木刀で打ちはたき、家士がひるむ所を、一擊の下に打ち倒してしまつた。

この試合振りは、出雲守の氣に入らなかつた。腕に自信のある出雲守は、自身で武藏と試合するといひ出した。武藏もまた、

「兵法のことは、御自分でなされずば合點の行かぬもの、それがよろしいでせう」

と答へる。

聽いて心配し出したのは側近の人達だ。容易ならぬことゝあつて、試合をとめやうとしたが、出雲守は聽き入れない。直に木刀を取つて書院の中央に進み、武藏をうながして、

「いざ！」と身構へた。

この出雲守が柳生流免許の腕前なのである。一體、大名劍術は技倆よりも理窟の方が先走つてゐるのが普通である。これは練習を積むより、說明を聽く方が多いからだ。しかし出雲守は戰場の經驗を有つ人であるから、普通の大名劍術でなかつたことはたしかである。

武藏は二刀を中段に構へて向つた。しかし、相手が城主なので、無論打ち据える氣はない。唯出雲守の機先を制して技を押へ、相手を追ひ詰めるだけに止めたが、三度試みたのに、三度共追ひつめ、しかも三度目は出雲守を床の上へ追ひ上げてしまつた。

床の上で立往生の姿となつた出雲守は、今はこれまでと最後の勇をふるひ起し、木刀を取り直して武藏を打たんとする。そこを早くも突き入つた武藏、出雲守の木刀を右劍で押へると、直にねばりを掛けて「石火の打ち」で强く打つた。その打ちが餘程烈しかつたと見え、出雲守の木刀は二つに折れ、その一方が天井まで舞ひ上つた。

驚き呆れた出雲守は、始めて武藏の非凡なことを知り、大いに敬服して、その場から門下と

なり、武藏を城中に永く留めて敎へを受けた。
この試合で用ひた武藏の刀法は、明かに二刀流「枕の押へ」（敵の出鼻を先へ先へと壓して業をさせない方法）と「紅葉の打ち」（敵の劍を一度上から强打し、その後を直にねばりをかけて强く押へるやうに打つと、敵刀が紅葉の散る如く落ちるのでこの名あり）の二種である。

この外、武藏が試合つた柳生流の劍士は多いが、何時の時も彼は樂々と勝ちを制してゐる。この事は、武藏と立合つた柳生流の劍士達が、彼の腕前に及ばぬ者ばかりであつたことにも依るが、武藏はこれを柳生流そのものの缺陷だと考へた。五輪書の中で、彼は太刀數の多い流儀を非難してゐるが、これは暗に柳生流を指してゐるのである。何故なれば、當時、柳生流ほど太刀數の多い劍法は他に類がないからである。

元來、柳生流は、流祖柳生但馬守宗嚴が、上泉秀綱から受けた神影流に自らの創意を加へ、獨自の形式にまとめあげた劍法であるが、その後宗嚴の子但馬守宗矩が、宗嚴の劍理に基いて諸流の長所を集蒐補足し、その形式を完成したもので、大劍の用法四十六種、小劍の用法十六種、合計六十二種の多きにのぼる太刀數を有し、この太刀數を以つて、劍の變化のあらゆる場合を學ばせんとする流儀である。勿論これは劍法敎授上の一方法たるに相違ないが、武藏の解釋は違ふ。彼は劍の正法は心の直道から產れるとなし、精神的要素を劍法の上に特別に重視するから、彼は形式主義の劍法を排斥する。事實また、形式化された劍法は、形式を產み出す心の活力の前には用をなさない。このことは何時も、武藏と柳生流劍士との試合で實證されたところである。だから武藏は柳生流劍法を問題にしてゐない。では柳生流の流祖たる但馬守や同流の代表的劍士柳生兵庫などをも、彼は輕視してゐたのだらうか。無論そんなことはない。否むしろ、これ等の人物に對しては、彼は大いに敬意を拂つてゐたのだつた。すなはちそれは次ぎの事實で知ることが出來る。

武藏が尾州名古屋へ行つた時のことであつた。彼は往來で一人の武士と行き會つた。武藏が足を停めて武士を見返ると、件の武士もまた足を停めて武藏を見返つた。その態度の並々ならぬのに感心した武藏は、

「久々で活きた人を見申した。定めて貴殿は兵庫殿ならん」と尋ねると、件の武士も、

「さういふ貴殿は武藏殿ではないか」といふ。

會ふのは、これが初めての二人であつたが、兩者はたちまち親しみ合つた。そして武藏は、

その場から兵庫に招かれて、永らく兵庫の家に滯在することになつた。しかし、その間における二人は、酒を汲み交し、碁など打つて樂むのみで、劍法の試合は遂に試みることなく、そのまゝ別れて終つた。これは兩者の心法に甲乙なく、試合をしても互に打つべき機を見出せないことが解つてゐるからである。試合をせずに、それを識るは、談話や所作の中に以心傳心的に知る達人同士の妙味であつて、無論凡人の出來る業ではないが、武藏は柳生流劍士中にも、此樣な人物のあることを認めてゐたのである。

この兵庫は、但馬守宗矩の甥で、劍法は但馬守を凌ぐと噂された人であるが、但馬守も決して兵庫に劣る腕前の持主ではなかつた。ことに思慮に長じ、政治的才能に優れてゐる點では、柳生一門中の傑物たるに止まらず、柳營においても一流の人物として、定評ある彼であつた。從つて、武藏は但馬守には抗すべき何物も見出せなかつたやうだ。卽ち、武藏は自分の兵法が將軍の耳に入り、召し出される旨の達しがあつた時、

「但馬守を御尊敬の上は、我兵法御覽に供するも無益のことに候」と答へて、招きに應じなかつた。

「しからば、繪が見たい」との所望だつたので、この方は御受けして、野に日の出たところを

屛風に書き、獻納した。繪なら但馬守に敗けないとの考へだつたかも知れない。閑話休題。

しかし、武藏は何故將軍の招きに應じなかつたのか。當時英才を集めた柳營の中で、それ等の人々に伍して自己を處するには、自分が餘りに野人であり、又柳生但馬守の政才を想ふと、劍の道以外で彼に及ばぬことを悟り、自分を思ひあきらめた點が多分に窺はれるのである。從つて、武藏は柳生流の劍士達には敗けなかつたが、時勢の潮に乘つた柳生流の勢ひには完全に敗北したといふべきである。

「劍法は、これを學ぶことによつて、手にて打ち勝ち、目に見ることにも人に勝ち、心を以つても人に勝ち、更に進んでは善人を持つことに勝ち、身を正しく行ふ道に勝ち、國を治むることに勝ち、民を養ふことに勝ち、世の令法を行ふことに勝ち、いづれの道においても人に負けざるところを知りて、身を助け、名をたすくるところ、これ兵法の道なり」……

このやうに說いた彼も、時勢の流れには勝つことの出來なかつた不運の兒であつた。このことは彼も餘程殘念だつたとみえ、晩年身體の自由が利かなくなつてから、細川家の家老數氏に送つた書面の中で、

「……一流を心得、利方の思ひを以つて、諸藝諸能の道にも存じ、大方世界の理を明かに得道

し候へ共、世に逢ひ申さず無念に存じ候」と、こぼしてゐる。

武藏をして、晩年この言葉を吐かせたのは、確に不遇な運命の故だといへる。しかし、彼が運命の寵兒たり得なかつたのは、彼自身世を渡る人間としての缺點を有つてゐたからだ。しかもその缺點は彼の性格と結びついてゐた。この事は彼の言行錄から知ることが出來る。

所が、武藏に對する批評文獻の多くは、武藏へ禮讃の言葉を捧げるのに懸命である。こゝに熊本藩の論客萩角兵衛昌國の武藏論は、武藏を評して、世の常の兵法者ではなく、當時聰明第一等の士となし、妙惠や澤庵が別面に顯れたものと稱揚してゐるし、横井小楠もまたこの說を支持してゐる。

しかし、武藏フワンの連中が、如何に彼を稱讃するとも、幕府の諸識顧問であつた妙惠僧正や澤庵禪師の知識に較べだら、武藏ははるかに見劣りがする。また政治的手腕では柳生但馬に及ぶべくもない。結局、武藏は一介の劍客に過ぎぬ。そして劍客としては稀に見る達識の人であつたに止まる。

三五、武藏以後の二刀流

武藏が教へた門人の數は、千人を越えてゐた。諸國遊歷中に教へた者まで加へたら二千人近くあつたらしい。併し、この大勢の門人中で、彼が二天流の免許皆傳を授けだのは、肥後熊本の藩士寺尾藤兵衞信行一人であつた。

寺尾信行は、幼名を求馬助と稱び、早くからその並々ならぬ精神を君候に愛でられた人であつて、武藏がこの人に眼をつけたのも、蓋し當然の事と云へやう。二天一流相傳記に依ると、武藏と信行のことを次のやうに書いてゐる。

「武藏傳統の事、當國入來の初より寺尾求馬信行兵法懇精の稽古萬人に越へ、その道一より百まで師弟の中、水魚の如し、武藏平日語つて云ふ。我六十餘州廻國して望みの者に傳ふと雖も、未だ信行の樣なる弟子を得ず、空しく我道を失ふ事を歎き思ふ所に、幸に達人を得る事、是我道の天理に叶ふ故と悅び、一流の奧儀少も殘らず傳授し、門弟多き中に、此道を傳ふること信行一人に限る、太守光尙公へ武藏其旨を申上ぐ、則ち召出され御前において兵法御覽あそばされ、其後は御大切の御稽古にも度々御打ち太刀相勤め、武藏同前に相語り、御稽古の御相手に相成り、數年相務む……」

併し信行は、小倉に武藏の養子宮本伊織がゐるので、遠慮して自分は押立て弟子を取らず、又他人に指南などしなかつた。そして武藏が死ぬと直に、武藏から讓られた流儀の書と帶刀を伊織の元へ送り屆けたのであつた。所が伊織は、「武藏の名蹟は繼いでも流儀の事は曾て相傳せず、信行殿幸に相傳されし事なれば、受けて用ゐられるやうに」と云つて、返却して來た。そこで信行は、流儀の書と帶刀を持ち傳へることになつたのであるが、その後、自分の四男寺尾辨助が、天性兵法に優れ、流祖の武藏にも負けぬ程、獨歩の器量を有つてゐたので、信行は辨助に二天流の奧儀を殘らず傳授し、武藏の跡を繼がせて新免辨助と名乘らせた。これが二天流の二代目である。新免は武藏の由緒ある舊姓で、辨助がこの姓を稱へたのは、武藏が信行に、「汝男子あらば、新免の名を繼がせよ」と云ひ殘したことに依る。

新免辨助信盛（森とも書く）は、二天流の二代目となつて數年間、專ら門人の指南に務めたが、惜いことに元祿十四年七月廿五日、四十五歲で病死して終つた。その時は信行も既に世を去つてゐたので、多くの門弟達は、流儀の斷絕することを憂慮し、辨助の弟の寺尾藤次玄高を擁立して、この人に教へを乞ふた。即ち二天流の三代目である。

玄高は、技こそ辨助に及ばなかつたが、父の信行から二天流の正傳を授かつた人で、君公のおぼえも目出度く、享保十四年八月十九日、八十二歳で世を去るまで專心門弟を指南し、よく流儀の正傳を守つた人である。

その後この流は、數家に分れたが、玄高の死後は、最早や以心傳心の相傳を受けし者なく、流儀の內容に大きな寂寥が加つた譯だ。

此處にその傳統圖を示せば次の通り、

新免武藏玄信―寺尾藤兵衞信行（求馬改ム）―寺尾鄕右衞門勝行―吉田如雪正弘（喜左衞門改ム）

（信行四男）新免辨助信盛

―山東彥左衞門秀淸―山東半兵衞―山東新十郎

―村上平內正雄―村上平內―長尾徙山―高田十兵衞―井田仁九郎

（正雄二男、二代目平內ノ弟）村上八郎右衞門正之―野田一溪種信―曾根權三郎（此後沒系中絕）

野田三郎兵衛—種勝—大塚庄八—大塚又助—野々村廣之助

村上大右衛門（正之嫡子）—村上直助—牧次郎左衛門—財津久左衛門—村上大右衛門—高野市十郎—岩崎群次

寺尾藤次玄高（信行五男）—志方半兵衛之經（信盛傳授、玄高嫡子）—志方半七之卿（之經嫡子）—新免辨之助玄直（之經四男）—志方瀰左衛門之唯

岡島要右衛門好和—淺井新右衛門榮廣—志方司馬助—寺尾十郎助—小堀平右衛門

山尾甚助—關孫之丞

併し右の諸家は、皆武藏の正傳を墨守することに努めたので、勢ひ自由主義の立場を採つて、形式主義を輕視した。從つて當時劍道界の主潮をなした「劍法の形式化」と云ふ點では、此等の諸家は何等なす所がなかつたやうだ。それに又、諸家の繼承者達に、流祖武藏や二代目辨助のやうな天才的劍士が出なかつたので、形式の精緻を有たぬこの流儀は、世間的に振はず、わづかに細川藩中の一劍法として熊本の地に傳はつたのみである。

所が、武藏以後の二刀流には、この二天流の他に種々な流派が現れた。即ち、圓明流、鐵人

流、溫故知新流、未來知新流、寶山流、一方流、今技流、心形刀流等がそれである。尤も右の內で、武藏の末流として傳統の明かなのは、圓明流と鐵人流だけであつて、他のものは、如何にして二刀の傳を持つやうになつたか甚だ不明である。併し、二刀の流派を語る限り、當然話題に登る流派であるから、以下その一つ〳〵に就て述べることにしやう。

　圓明流、これは武藏直傳の流儀である。卽ち武業雜話に曰く。「武藏廻國して尾張名古屋に來る。その時、國君の前で家士某と試合せしが、相手ずつと立合ふに、武藏組みたる二刀のまゝ、大劍の先を相手の鼻先へつけて、一間の內を一遍廻し步き、勝負如此に御座候と申上ぐ。又一人武藏と立合ひしも、手もなく負けたり。こゝに於て武藏の名忽ちひろがり、門人となるもの多く、中にも竹村玄利、林資龍などはその妙術を得たるも、時に遇はずして其名聞えざりき。されど圓明流として、その術は長く此地に殘れり」と。

　併し、武藏自身が圓明流の名を稱へたかどうかは不明である。彼はその後、自己の劍法を二天流と稱んだのであるから、恐らくその頃は未だ流名を稱へてゐなかつたと思はれる。從つて、圓明流と云ふ名稱は、門下の竹村玄利や林資龍や八田知義等に依つて稱へられたと見るべきだ。

事實又、林資龍が左右田邦俊に授けた免許狀に於て、私達は始めて圓明流の名を見ることが出來る。以來この流は數家に傳へて、尾張と美濃の地に擴まつた。この事は、その後武藏の百年忌に當る延享元年に、圓明流の師左右田行重（この人は父の邦俊から流儀を受け繼いだのであるが、邦俊は武藏の門人八田知義に學び、後に林資龍に就て奧儀を授つた人である）と、その門人達が集つて、笠寺觀音堂の東丘に建てた碑文に依つて明瞭であるし、又武藏の百五十年忌に當る寛政五年に、同流の師市川長之とその門人が、愛知郡川名村の新豐寺に建てた碑石の文に見るも明かである。

所で、問題はこの流儀の內容であるが、これは殆んど二天流そのまゝで、只敎へに順序を定めた點に特徵が見られるだけである。即ち、流儀の表を差合切、轉變はつす位、轉變打ち落さるる位、陰位は咄陽位、陰位はつす位、定て當、等となし、裏を眼見色現、耳聞聲出、鼻入香顯、舌嘗味分、心思觸行、意悟法學、等となす。又祕奧には眞位と云ふのがあつて、無二劍、裏劍打樣、多敵の位、實手取、是極一刀、相太刀不相太刀、直道位、等の傳を有つ。そして、「春風桃李花開日、秋雨梧桐葉落時」と云ふ句を、印可祕傳の句とし、これを以つて悟道の妙境となすのである。

因に、武藏以後、世間へ武藏流と云ふ名が流布されたが、これは大概圓明流を指して云つたので、二天流をも武藏流と云ふやうになつたのは、餘程後のことである。

鐵人流、これは靑木城右衞門（後に鐵人齋と號す）の創めた流儀である。この人は、武藏に永年隨仕して、武藏から刀法を學んだ人であるが、流儀の皆傳は受けなかつた。武藏が何故この人に流儀の皆傳を與へなかつたかは、次ぎの話によつて、ほぼ推察することが出來る。

……武藏は熊本に來てからも、小倉には養子の伊織がゐるので、時々小倉へ行くことがあつたが、或時、小倉を訪ねた武藏は、小笠原家の重臣で、且つ彼の門人に當る島村十左衞門の邸に招かれ、饗應を受けた。その時の事である。同家の玄關取次の者が

「只今、靑木城右衞門と申さる人が見え、武藏樣に御會ひ下さるやう願つてゐられます」と取次いで來た。

靑木城右衞門は、それより先、數年前武藏の元を離れて諸國を廻つてゐたので、武藏は久々の對面を懷しく思ひ、邸の主人に願つて靑木をその席へ引き入れ、面會した。

さて挨拶を交した後、武藏は新まつて、

「兵法の事は、その後どうか」と尋ねた。

「絶えず致してゐます」と青木が答へる。

「では、この場で、太刀の表を見せよ」と武藏が所望する。

無論、城右衛門も、武藏にそれを見て貰ひたかつたので、直に持參した木刀を取り出して、太刀の表を一通り使つて見せた。武藏は非常に上機嫌で、見てゐたが、城右衛門が坐に歸へるのを待つて、

「汝は最早や何處の地で指南するも苦しからず」と褒めた。

城右衛門も武藏の言葉を聽いて、大いに悦び、厚く禮を述べた後、さて使つた木刀を袋へ納めやうとしたが、その時、紅紐の腕貫を付けた木刀が、袋の口からチラリと見へたのである。

すると武藏は、目敏くそれを見咎めて、

「その赤いのは何か」と訊く。

城右衛門は、一寸當惑したが、

「これは、諸國を廻國の折、行く先で試合を望まれ、斷ることの出來ぬ場合に用ふる木刀です」

と答へ、八角の大木刀に紅紐の腕貫付けたのを、武藏の前へ差し出した。

所が、それを見た武藏の機嫌は、急に嶮しくなり、

「たわけた事を申すな！　兵法の試合などとは、以つての外だ。今汝を褒めたのは、只幼年の者を教へるに宜しと思つたまでのこと。若し試合を望む人があらば、早蚤にその場を立去るべし」と叱りつけた。

そして十左衞門の兒小姓を招き、飯粒を取り寄せ、その一粒を兒小姓の前髮の結び目に付け、

「あれへ行つて立つて居よ」と命じ、
自身は床の上の刀を取つて進み、スル〳〵と拔き放つと、サツと上段から打ち卸して、前髮の結び目に付けた飯粒を眞二つに切り割り、

「これを見よ」と、青木城右衞門の鼻先へ差し示し、「一度では得心行くまじ」と三度まで行つて見せた。その鮮さには、城右衞門は勿論のこと、主人の島村十左衞門を始め、一座の者皆驚歎して慫つたのであるが、その時、武藏は城右衞門に向ひ、

「斯樣に手業は長じても、敵に勝つ事は難しいものである。汝の如きは、未だ試合などすべきでない」と、くれ〴〵も戒めて立ち歸らせた――

この話は、手業の利を排斥した武藏が、實は並々ならぬ手業の持ち主であつた事を物語る話

として、世間へ傳へられた逸話の一つであるが、其とは別に、私達はこの話から、武藏が城右衞門を如何に評價してゐたかを知ることが出來る。卽ち武藏は、城右衞門の技法こそ認めたが、劍法の奧儀たる心法に就ては、未だ多くを期待してゐなかつたと云へる。

勿論、城右衞門は、その後大いに修業を勵んだのであるから、鐵人流を創めた頃は、深き進境を得てゐたに相違ないが、この人は結局、武藏のやうに獨創自由な天質に富んだ人物ではなかつたやうだ。それは彼が創めた鐵人流の內容を觀れば、凡そ想像出來る所である。卽ち、鐵人流の劍法は、二刀の用法を、表十八種、祕奧七種、合計二十五種の形に纒めたのが特色であるが、この形式化は、實は靑木城右衞門の獨創ではなく、武藏が門人達を稽古する時、心のまゝに二刀を使つたその種々な形を取つて、形式化したに過ぎぬからだ。

併し、この流儀は形式主義を採つたため、時代の好みに適合することが出來た。そして二刀の用法を世間へ知らせる上に、大いに役立つたのである。その後の二刀流には、この流の形を取り入れたものが多い。寶山流、今技流、心形刀流などは、皆その例である。

溫故知新流は、一と頃備前の國に行はれた二刀の流派で、武藏の末流と云ふことであるが、誰が創め、どう傳つたかは、明瞭でない。只筆者の友人高原氏の家に、この流の傳書があつた由で、同氏の祖父に當る人から、筆者が聴いた所では、この流は表が七刀、奥が五刀、祕傳三刀、つまり十五種の形があつて、圓明流に等しいとのことであつた。併し、それ以上詳しいことは不明である。

未來知新流は二刀を用ひるが、武藏の末流ではないとの事である。この流は、二刀の外に、一刀をも用ゐ、又居合、槍等の用法も教へる。殊に二刀の用法は、多くの場合長劍を左に持ち、短劍を右に持つ逆二刀の形で、その表は五輪碎、電天、右邪左邪、思無邪など多數の形がある。併し祕奥の形は、皆長劍を右に短劍を左に持つことを傳とするから、この流儀が平素逆二刀を習ふのは、想ふに左手の力を養ふためか、或は逆二刀を使ふ不便の中に、心の働きを鍛錬せんとするためであらう。

極意の飛龍劍と稱する形は、右手に長劍を指し上げて持ち、左手に短劍を振り動かしつゝ敵へ近づき、隙を見て短劍の方を敵の面部へ投げつけ、直に長劍を以つて切りつけるのである。

この様に短劍を手裏劍に使ふのは、圓明流、一方流、寶山流等皆二刀流派の極意とする技である。

一方流とは、難波一方流のことを略して云つた名であつて、この流には二刀を用ふと云ふ事であるが、太刀、杖、槍、長刀にもこの流名の者があつて、詳しい事は解らない。併し聞く所では、この流二刀の極意には、短劍を敵へ投げてから長劍を振るつて切る形が多く、「飛龍亂尾拂ひ切り」と稱する形などは、長劍を後方に置き、短劍を前方に振り廻して進み、敵へ短劍を投げつけるや否や、地に開きて敵の腨を長劍で拂ひ切り、敵から打ち掛かる時は、短劍でそれを遮り、直に手を返して短劍を投げつけ、身を曲げて長劍で下から返し切りにすると云ふ。從つて、この他の形にも、相當アクロバテイツクなものが多いのではあるまいか。內容の不明なのが遺憾である。

寶山流は中條流の末流で、堤山城守から後を寶山流と稱ぶやうになつた。

この流儀の表は、燕飛、燕廻、鋒返、方揚廻、浮舟、浦波、山陰、芝引、蜻蛉返、千金莫傳、留太刀、以上十一手で、次に中段の形があり、普通の勝負には羽節切、陰見崩、一文鐵などの形を用ひる。又浮鏡と云つて小太刀十一手の祕傳があつて、その形の名は、横太刀、浮曲角の太刀、八天切等と稱ぶ。そして關上十一手を以つて極意とする。この關上十一手と云ふのは、飛龍迫、臥龍迫、陰陽亂、上下太刀、飛鳥翔、陰虎亂、陽虎亂、虎亂入、晴眼崩、晰眼留、雲劍翔、の十一種で、皆二刀を用ひる形である。更に又「山の井」と稱ぶ形も祕傳であつて、高く深しとの意味から、この名があると云ふ。この外にも尙祕傳の太刀がある由である。

所で、問題は、この流が關上十一手の祕傳を何時頃から有つやうになつたかであるが、中條流には二刀の傳がないから、これは寳山流になつてから、加へたものに相違ない。それに又、關上十一手の形には鐵人流の形そのまゝのものが多い所から察すると、寳山流が二刀の用法を加へるやうになつたのは、寛永以後のことではあるまゐか。この間の消息は不明につき、疑ひを留て置く。

今枝流は享保の頃、相州鎌倉の人今枝左仲が、諸流を合せて一つの流儀としたもので、この流は足の運びが非常に難しく、常の稽古には一刀を用ひ、主として勝負をなしつゝ練習する。勝負の太刀には上構、受構、はね構等の形があつて、各自の好む所を用ひさせる。

併し、極意の形は總て二刀を用ふる形で、それには紅葉重、新しき位等の傳があるが、大概は鐵人流に倣つた形が多い。

又「東雲の傳」と稱して、暗夜に目の見える祕藥があると云ふから、甚だ妙である。

心形刀流は。元祿の頃、伊庭是水軒秀明が創めた流儀である。この人は、初め本心刀流を學んで其の祕奧を極め、後に自意を以つて心形刀流を稱へたと云ふから、この流は本心刀流の末流と云ふべきである。併し本心刀流は、妻片謙壽齋を流祖とする非常に太刀數の多い流儀と云ふ以外、その內容は無論のこと、何時頃、何れの地で行はれたのかも不明であるから、心形刀流中に本心刀流が、如何なる程度に取り入れられてゐるかは、知ることが出來ない。だが心形刀流も亦太刀數の多い流儀である。然も一刀、二刀、小太刀を共に敎へる所は寶山流に似てゐて、二刀の用法には、鐵人流から拔萃した形が多いやうである。卽ちその內容は次ぎの如きものである。

一刀の形は、獅子亂刀、虎尾刀、陰捨刀、丸橋刀、中眼刀、胎內刀、陽重劍、破先刀、三角切留、龍車刀、右旋刀、左轉刀、波切刀、切甲刀、亂車刀、鎊捨刀、中道下藤、中道志破記、

飛龍劍、華車刀、劍忍誠、杖威刀、引疲、引疲送、裏刀、等。（後に獅子亂刀を大亂刀、虎尾刀と陰捨刀を合して虎亂刀、中眼刀を淸眼刀、龍車刀を發車刀、右旋刀を右劍足、左轉を左刀劍足、華車刀を膝車刀等に改稱す。之後世の事である）

小太刀の形は、中住別劍、淸眼左足、淸眼右足、兩手切、浦の波、淸明劍、等。

二刀の形は、向滿字、横滿字、横滿字殘、刀合切、相捲、淸眼破、柳雪刀、鷹の羽、等。

又極意の太刀として、水月刀、三心刀、無拍子などがあるが、この內、三心刀も無拍子も二刀を用ひる形である。尙又、一子不傳の極祕に雷人刀、風心刀、無一劍と稱する三傳があつて、總て口傳となす。

この流の祕歌は

ふしをがむいがきのうちの水なれば
　心の月の澄めばうつるも

花もみぢ冬の白雪見しことも
　思へばくやし色にめでける

これを以つて悟道開眼の境地とする。

武藏以後の二刀流と云へば、凡そ右に述べたが如きものであるが、さてこの話を通じて諸君が最も遺憾に思ふのは、恐らく各流派における二刀の用法が不鮮明な點であらう。從つて、私は次ぎにこの點を明かにしやうと思ふ。卽ち諸流が有つ二刀の形の名と其の內容に就て語らうと思ふ。

三六、形の名稱とその內容

二刀の形に限らず、總て劍法の形は、敵を斬るのに最も有效適切に思はれる劍の使ひ方を、形に仕立てたものである。と云つたら、「形には、表と奧の二種がある」と云ふ人があるかも知れない。成程、大概の流儀は皆、表と稱して劍の使ひ方を練習するための形と、奧或は裏と稱して敵と試合ふ時に用ひる形とを區別してゐる。併し、この區別は、實は初心の者を導くのに便宜上設けた區別であつて、練習用の形が試合に役立たぬと云ふ意味のものではない。練習も要は敵を斬る練習をするのであるから、その形は試合にも立派に役立つものばかりである。從つて、劍法の形を探ねる場合には、形に表と奧との輕重はない。總ての形を知ることが大切である。

所で、その形だが、二刀の形は、一つの流派に大概十一二種、多い流儀だと二十四五もあるのだから、各流派の形を全部集めたら、その數は百を越すかも知れない。早い話が、前に述べた諸流の形で、名稱の明なものだけを算へても、鐵人流二十五、圓明流十三、寶山流十一、今技流二、未來知新流五、心形刀流十、合計六十六種を算へることが出來る。そしてこれ等の形が、その名稱を異にする通りに、內容を異にするとしたら、これは大變な事である。何故なれば、二刀を持つて敵を斬るには、百種からの形を習ひ覺え、それを一々使ひ分けねばならぬからだ。

併し、凡そ人を斬る方法は、武藏の云ふ如く、たたき切るか、薙ぎ拂ふか、突くかの三つより無いのであるから、幾ら二本の劍を持つたからと云つて、敵を斬る方法がそう澤山ある筈はない。殊にそれが必勝を期し得ると云ふやうな方法は、猶更である。事實、各派の形には、名稱こそ違つてゐるが、同種のものが多い。では各派は何故、同じ形に異つた名を付けるのか。これは形の內容を祕すためである。又流儀の權威を保つためでもある。つまり思はせぶりを强化するために、名稱を替へるのだ。だが形の名は、いづれの流派でも、決して出鱈目の名を付けてゐるのではない。それは必ず形の內容に關係のある名を付けてゐるのである。併し、この名の付け方には、劍法家の癖と云ふか、好みと云ふか、兎に角一種共通の特徵がある。だからこの特徵を知らずに、いきなり形の名を見ても、內容は解らない。その替り一度、その特徵を知つて終つたら、誰でも形の名を聞いただけで、大體その內容を想像することが出來る。

では二刀の諸流が形の名を付ける時の特徵は何か。以下諸流の形とその名稱を一つ〳〵述べることによつて、この點を明かにしてみやう。

差合切、刀合切、合切

圓明流の差合切と、心形刀流の刀合切とは、共に音讀にして、「サゴウセツ」「トウゴウセツ」と云つてゐるが、これでは何んの事か一寸意味が解らない。所が鐵人流の合切は「アワセギリ」と讀むのである。そこでこの讀み方に習つて、差合切を「差し合せ切り」に刀合切を、

「刀の合せ切り」と讀み直すと、これ等三つの名稱が同じ意味のものだと云ふ事が解るだらう。事實、この三つは同じ形なのである。

では何如なる形かと云ふと、この形の使ひ方は時と場合で多少技巧上に相違があるが、その基本となる所は、先づ長短兩刀を、やゝ前寄りの下段に構へて敵へ進み、敵が打ち込み來るや、下段の雙刀を我胸へ引き取つて十文字に組み、敵が打ち下した兩手の上へ、組んだままの雙刀を長短共一調子に打ち込むのである。

この刀法は、敵が打ち下す刀勢に應ずること速く、又雙刀を組み合せたままで敵の手を切る所に、敵を逃がさぬ必勝の勢ひがある。これ二刀の用法に「合せ切り」の形が出來た所以だ。

轉變はつす位、陰虎亂

圓明流の表形「轉變はつす位」と云ふのは、比較的解りよい名だ。轉變とは身體と劍とが轉變する意である、はつすは我劍が敵へ向つて發すこと、位は構への別名であるから、これは我身體を轉變して敵を擊つ構へと云ふ意味である。では如何に構へ、どう轉變するか。劍の振り方を知つてゐる人なら、凡そ想像がつくと思ふが、二刀を使用するのであるから、二刀の用法を見馴れない人には、確な所が解らないだらう。で兎に角、この刀法を紹介しやう。

この形は、我雙刀を後方に曳いて持ち、左半身を敵へ向けて進むのであるが、雙刀の持ち方は、かつて述べた二刀の右脇構へと同じである。唯この場合は左偏身で敵と對するため、雙刀の劍先が我後方を指すに過ぎない。

さてこの様にして敵へ向ふと、我に對する敵からの刀路は開通してゐるから、敵は必ず打ち込んで來る。その時、我は左の短劍で敵刀を受け止め、同時に身體を右前へ離して、右手の長劍で敵を切るのである。

以上は、この刀法の基本動作を述べたのであるが、この動作を基とした種々な變形がある。寶山流の陰虎亂はその一つだ。

陰虎亂の形は、左を前にした斜身で敵に對し、左手の短劍を我胸へ近く右横にして持ち、右手の長劍を後方へ曳いて構へる。そして敵が打ち掛かれば、短劍で敵刀を遮り、同時に身體を右轉して長劍で敵を薙ぐのである。だから、これは「轉變はつす位」の變形と云ふよりも、むしろ、同種と見做してよい位のものだ。では何故この形を陰虎亂と稱ぶのか、理由は次ぎの通りである。

剣法では、剣先を敵へ向けた場合や剣を振り上げた場合を、陽位或は陽刀と稱び、その反對に、剣先が敵へ向はぬ場合や下方を指す場合を陰位又は陰刀と稱ぶ。だから例を擧げて云ふと、上段や中段の構へは陽刀であり、下段構へや横構、後構へは皆陰刀である。そこで陰虎亂の陰は、無論陰刀の意味であるが、陰だけでは下段の構へか、横構へか、後構へか解らないから、虎を付けてその位置を示すのである。卽ち虎は後と字音が似通つてゐるので、後構への「後」を「虎」と書き換へたのだ。と云つたら諸君は、「何んだ馬鹿々々しい」と思ふだらうが、剣法の形の名には、この種の改名が多いのである。從つて、この樣に字を置き換へて讀むことが、實は形の名を讀む場合における一つの方法なのである。だが「後」を「虎」と書き換へた所に、諸君は尙疑問を懷くだらう。「後の字を取換へるだけなら、何にも虎に限つたことはない、他に幾らも適當な字があるではないか」と。尤もな話であるが、「後」を「虎」に替たのには、最う一つ理由があるのだ。それは支那の古說に、「虎は尾で物を搏き、跳躍して之に中てる」と云ふのがある。虎が果してそんな事をするかどうか、それは別問題として、尾で敵を打つ點が、後構へと似てゐるから、これを虎と云つたのである。又身を飜す勢を以つて敵を擊つこの刀法は、恰も虎が飜身跳躍して飛び掛かる光景を思はせるものがあるからでもある。

併し、何時頃から「虎」の字を使用するやうになつたかは明かでない。源義經の師、鬼一法眼（本名堀川鬼一）の兵法祕書、卽ち俗に「六韜三略虎の卷」の名で知らてゐる書の中には、旣に虎の字が見られるから、これは隨分古からの事に相違ない。だが現在私達の知り得る點は、刀法の名に「虎」の字が喰付いてゐるものは、總て劍を後方へ曳いて持つた形だと云ふ事だけである。次ぎに陰虎亂の亂は何を意味するかと云ふと、これは亂形のことであつて、飜身して敵を擊つ場合、敵の何處を打つと云ふ定めがないとの意である。言ひ換へると、敵が打ち掛ける體勢に應じて、我は打ちよい所を打つのであり、又我飜身の遲速に依つて、薙ぎよい所を薙ぐのである。

陰虎亂の名は、以上の意味から生じだのである。

轉變打ち落さる位、柳雪刀

「轉變打ち落さる位」と云ふのは、實に變な名だ。敵と戰ふのに「打ち落さる」などとは甚だおだやかでない。併し、圓明流が何故斯樣な名を付けたかは、この形の內容を見れば誰にでも合點が行くのだから、くど〳〵した說明は拔きにして、直に形の內容を話すことにしやう。

この形は、左半身を敵へ向け、左手の短劍をズッと敵へ突き出して中段に構へ、右手の長劍を後方へ曳いて敵へ進むのである。このやうにして敵へ向ふと、敵は我左手の短劍が邪魔になるから、必ずこれを打つ。この時、我は短劍で敵刀を受けるのであるが、この場合の我腕は前方へ延びきつてゐるから、この受けは甚だ脆弱で、敵刀の强打に會ふと我短劍の先は落ちるに定つてゐる。併し、この打ち落される所が、この刀法の主要な點であつて、斯く打ち落される事に依つて敵刀を下方へ走らせ、その隙を目掛けて、我右足を踏込み、身體を右前に轉じて長劍で敵の面上を打つのである。簡單に云ふと、敵に左手の短劍を打ち落させ、そのはづみに飜身して、右手の長劍で敵を斬るのである。口傳には、「この時我短劍が手を離れて落ちるとも差支へなし」とある。

以上で解る如く、この名の「轉變」は、飜身して長刀で敵を打つことであり、「打ち落さる」は、敵刀を受けた短劍の先が打ち落さるの意である。

心形刀流の「柳雪刀」は、全くこれと同じ形であつて、これを柳雪刀と名付けたのは、短劍で、敵刀を受けた時、恰も雪が柳の枝へ降り掛つた如く、無抵抗に短劍の先が落ちるのを形容して言つたものに外ならない。

云ふまでもなく此形は、先に述べた「轉變はつす位」の變形である。だが何故斯様な變形が生じたかと云ふと、「轉變はつす位」や「陰虎亂」の刀法は、敵が高目の中段に構へた時には適合するが、上段に構へた時には不利である。この不利を除くために生じたのがこの形であつて、從つてこれは上段に構へた敵へ向ふ時の刀法である。

陽虎亂・新しき位

寶山流の陽虎亂は、前に述べた陰虎亂の變形であつて、これは敵が下段又は横に太刀を構へて來た時に應ずる刀法である。卽ち敵が太刀を下段或は横に持つ時は、下から突き擧げ、打ち擧げて來る可能性が多いので、それを制壓するために生じた形である。

この形の內容は、左半身を敵へ向け、左手の短劍を右横に倒して身近に持ち、長劍は右肩の上へ差し擧げて持ち、劍先を後方へ靡かせて敵へ進む。かくて敵が擊發すれば、短劍で敵刀を受け止め、直に身を翻して長劍で敵を擊つのである。

これを陽虎亂と名付けたのは、長刀を差し擧げて後方へ持つから、陽位の虎構卽ち陽虎であり、打つ場所に定めがないから亂と云つたのである。

次ぎに、この陽虎亂の長劍を、その儘我胸の右前へ下し、刀身を垂直に立てて持つと、今技流の「新しき位」となる。從つて新しき位は陽虎亂の變形だと見做すべきだ。この形は、左を前にした斜身で敵に對し、右手の長劍を、右胸の前方五寸ばかり離れた所で刀身を垂直に立てて持ち、左手の短劍は陽虎亂の場合と同樣に劍先を右へ倒して横に持つ。そして敵が打ち掛けたら、短劍で敵刀を受け止め、長劍を直撃して敵の胸を突くのである。この刀法は、敵が低目の中段又は下段に太刀を構へた時に用ひると、勞作が樂で、敵を攻撃するのが迅速だから、非常に有效だと云ふ。併し、これを何故「新しき位」と名付けたのか、それは不明である。或は從來に無い新な法だと云ふ意味で名付けたのかも知れないが、斯樣な名の付け方は、他に例がないから、直に首肯することは出來ない。後日識者諸君の探求を俟つ。

虎亂入

寶山流の「虎亂入」は陰虎亂及び陽虎亂の續形である。即ち陰虎亂又は陽虎亂で敵を攻撃した場合、若し敵が脱れると、空を切つた我雙刀は、我身體の左側へ流れ走るから、この時敵が累撃して來ると、その儘の位置から敵の攻撃に應じねばならぬ。ここに生れる刀法が虎亂入である。だからこの形は、右半身を敵へ向けた左脇構へで敵と對するのを常の習ひとする。そして敵が撃發すれば、身體の左側面を前へ飜轉しつつ、右劍で敵刀を張り止め、同時に短劍の刀身を立てて我長劍の刀身へ押し添へ(この時の我雙刀は竪十文字の形となる)、そのまま直に敵の身際へ突入するのである。

これを虎亂入と云つたのは、左の後方を指してゐた我雙刀が、飜身に伴れて敵刀と亂形に打ち合ひ、そのまま敵の構へ内へ突入する所から、此樣に名付けたのである。

陰位は咄陽位

これは、武藏が喝咄の敎へと稱した劍の用法を形にしたもので、練習には下段の構へを以つて行ふ。即ち我雙刀を下段に構へて敵へ進み、敵打つと見れば、下より敵を喝つと突く如く雙刀を擧げ、直に敵の手を切るのである。

この形を圓明流は何故「陰位は咄陽位」などと稱んだかと云ふと、下段の陰刀は突き擧げたらそのまま陽刀となるとの意味で斯く名付けたのである。

陰位はつす位、脇構

圓明流の「陰位はつす位」と云ふのは、鐵人流の「脇構へ」と全く同じものである。そしてこの脇構へは、武藏が五方の構へとして敎へた右横の構へと左横の構へを形にしたものに外ならない。併し、形となつたこの構への刀法は、武藏が敎へた所と多少違つた點があるから、その點だけを簡單に紹介しやう。

右脇構へは、雙刀を右横に構へて敵へ進み、敵が打ち出せば、我は長短一時に敵を打つ、この場合の打ち方は、短劍で敵刀と打ち合せ、長劍を以つて敵の手を切るのである。

左脇構へは、雙刀を左脇に構へて進み、敵が打ち出せば、長劍敵刀を張り止め、同時に左手の短劍を敵の右手の上に乘り切りにする。

圓明流がこれを「陰位はつす位」と云つたのは、陰位にして卽發する構へと云ふ意味からである。

定　て　當

この形は、武藏が敎へた「張り受」の理を形にしたもので、先に述べた陰位はつす位の續形である。卽ち敵が打ち出した刀身を、我雙刀で張り合せると、敵そのままなれば、我長劍のために腕を切られるから、敵は身を退いてこれを脫れやうとする。然し、敵が假令一步身を退いても、我長劍は敵刀と合するから、當然敵の刀勢はここに定まる。この機を逃さず、我は長劍をそのまま敵へ向けて打ち突きするのである。

卽ち「定て當」の名は、敵の刀勢を定着させ、我劍を敵へ當てるの意である。

十文字構へ、向滿字、横滿字

長劍と短劍を十字形に組んで敵へ向ふ刀法を、武藏は「組み太刀」と稱んだ。この刀法は、敵が上段中段、下段の孰れに構へて來ても應じ得る利がある上に、取分け剛心の敵に對して有效なので、武藏の好んで用ひた刀法である。だから二刀の諸流は皆、大なり小なりこの刀法を取入れてゐるが、この組み太刀の用法には種々な場合があつて、これを一つの形に表すことは困難である。從つて、この刀法は使用目的を異にした幾つかの形に分れるのであるが、大體においてその基本となる所を形に作つたのが鐵人流の「十文字構へ」である。後に心形刀流ではこれを滿字と名付けた。滿字とは卍字のことで、その字形が二刀を組んだ形と似てゐるから、斯く名付けたものに外ならない。

所で、鐵人流の十文字構へには向組みと横組みの二種がある。心形刀流ではこの二つの形を向滿字、横滿字と云ふ。向滿字は向組みのこと、横滿字は横組みのことである。

向滿字の形は、身體の正面を敵へ向け、右手の長劍を我前に横たへて持ち（この時、劍先は左を指す）、左手の短劍は劍先を敵へ向けて長劍と十字に組み重ねる。そして敵へ進む時、敵が擊ち掛かれば、敵刀を我組んだ雙刀の叉に受け、同時に敵刀を左の短劍で押し除けつつ、長劍を外して敵を打つのである。

横滿字の形は、左半身を敵へ向けて雙刀を十字に組む。だからこの場合は、左手の短劍は劍先を右にして横たはり、右手の長劍は劍先を敵へ向けて竪となる。かくて敵が打てば、雙刀の叉に敵刀を受け、長劍で敵を切ること横滿字と同樣である。

只此處で問題となるのは、二刀の組み方である。即ち短劍を上にして組むか、長劍を上にして組むかだ。鐵人流は短劍を上にして組む。心形刀流は、長劍を上にして組む。どちらでも宜いやうなものだが、敵の刀を雙刀の叉に受けて長劍を外す場合を考へると、長劍を上にして組む方が外づすのに樂である。從つてこの形では長劍を上に組むべきであるが、攻擊目的を異にした場合は違ふ。例へば、敵の構へ内へ突入しやうと云ふやうな時は、短劍を上にして組む方が有利である。この事は、次ぎに述べる數種の形によつて知ることが出來る。

横滿字殘し

これは横滿字の續形である。横滿字の刀法を以つて敵を打つた時、敵が巧みに身を退いて脫れると、我長劍は左の脇下へ流れるから、敵は必ずこの機を狙つて累擊して來る。この累擊に應ずる刀法が横滿字殘しである。この刀法は、横滿字の形で切つた長劍を、直に下から切り擧げて敵刀を張り受け、同時に左半身を前に轉じて短劍を我長劍の刀身へ押し當て、そのまま敵の構へ内へ突き入る、これは寶山流の虎亂入と同じ入り方である。

淸眼破、晴眼崩、晰眼留

劍法で淸眼と云へば、劍先を敵の顏へ向けた中段構へのことである。淸眼は晴眼又は正眼と書いても同じである。そこで淸眼破とは淸眼の構へを破ること、晴眼崩とは晴眼の構を崩すことに外ならない。無論、この場合、破るのは敵の淸眼であり、崩すのは敵の淸眼である。そして「破る」と云ふも「崩す」と云ふも、つまりは同じ意味であるから、心形刀流の清眼破と寶山流の晴眼崩とは同種の形である。

この刀法を、普通表形として習ふ時は、敵が清眼に構へた太刀へ、我劍先を合せて、敵刀を壓しつつ乘るのであるが、これは敵の淸眼が靜かに鎭まつてゐるから出來る業であつて、若し敵が鋭心に構へ、我を寄せ付けじと劍先を搖り立つるやうな時は、我劍を敵刀と合せて乘るなどは仲々出來ることでない。併し破ると稱し、崩すと云ふからは、この破り難きを破り、崩し難きを崩すのでなければ話にならぬ。では如何にして破るか。その刀法は次ぎの通りである。

即ちこの場合は、短劍を上に組んだ横滿字の構を以つて敵に對し、剛心に然も靜かに進み寄り、間合ひを見て、淀みなく我組んだ雙刀を突き出し、敵刀を下から雙刀の叉で押し上げるやうにして合せ、敵刀と我雙刀とが合つたならば、直に短劍の劍先を後方へ流し乍ら、左手の握り拳で敵の右頰を突く心で進み入るのである。この動作中に、もし敵が擊發すれば、直に横滿字の刀法を行ふことは云ふまでもない。だからこの形は、横滿字殘しの變形と見做し得るのであるが、その實は武藏が「入身の太刀」として教へた刀法の一つを形式化したものに外ならない。

次ぎに寳山流の晰眼留も亦この刀法に屬する形である。

晰眼と云へば右の眼のことであるが、劍法では劍先を敵の顏から少し右寄りにした中段の構へを晰眼と云ふ。柳生流の「片眼はづしの淸眼」はこの構へである。だから晰眼留とは、敵が中段右寄りに太刀を構へて來た場合、これに應ずる刀法である。

この形は、左手の短劍を上にして組んだ横滿字の構へで敵に對し、剛心に敵へ近づき、間合を見て我組んだ雙刀をその儘敵刀の下から押し擧げ、我長劍の刀身が敵刀と合ふや否や、短劍を垂直に立てて我長劍の刀身を右へ押し乍ら、體を左前に轉出する。すると我長劍の先はおのずと敵へ向ひ、短劍は我長劍敵刀と合してゐる點より敵方へ寄つた位置になるから、この時直に短劍の刀身を右へ倒して、我長劍諸共敵刀を押し下げ、敵刀の先が降下するや、短劍を敵刀から離して横倒しのまま敵の眼の高さへ擧げ、身體で突進する。この樣にすると、敵は眼の前に横向きの短劍が迫るを以つて擊發の心を失ひ、ひたすら身を後方へ退いてこれを脫れんとする。そこで我は飽まで敵を急追し、敵との間を詰め、短劍で敵の雙眼を切先き走りに切り拂ひ、同時に長劍で敵の胸を突くのである。これ等の動作は無論迅速に淀みなく行ふのであるが、その間敵は無爲にして斬らるといふので、寳山流の祕傳とした刀法であつた。

上下太刀、紅葉重ね

寶山流の「上下太刀」と云ふ形は、その名の如く大劍を上段、小劍を下段或は中段の位に構へ、身體正面を敵へ向けて進み、敵が打てば小劍でそれを遮り、大劍直撃して敵を斬る。又敵が中段に構へて靜かな場合は、我上段の大劍に撃發の氣勢を示して敵の注意をこれに誘ひ、その隙を見て小劍を敵刀へ合せ、敵の劍先を抑へるや否や、大劍で敵の手を切る。この動作は一調子に行ふのである。この刀法を今枝流では「紅葉重ね」と云つてゐる。これは敵刀の上へ我小劍が乘り、その上へ長劍が打ち重なるから、その樣を紅葉の落ち重なるのに例へて云つたものに外ならない。

陰陽亂、相捲、相太刀不相太刀

陰陽亂とは、陰刀と陽刀の亂形と言ふ意味であるが、寶山流のこの形は、形の內容を述べる方が早解りである。

この形は、最初左手の短劍を右脇へ横に構へ、長劍を頭上に振り擧げて、左前の斜身で敵へ進み、敵が打ち掛かれば、短劍で敵刀を受け、長劍を右旋廻に打ち下して敵の手を切るのであるが、長劍擊下の間に短劍を我左の肩の上へ引き擧げるのが、この形の特色である。これは敵が身を退いて我長劍の擊ちを脫れると、長劍は我左下へ走るから、そこを敵に累擊される場合それに應ずるためである。從つて、この時の我姿勢は、長劍が左の脇下にあり、短劍が頭上である。かくて敵が累擊して來れば、左下の長劍で敵刀を張る氣持に受け、その途端に左足を踏み込んで短劍にて敵の手を切る。この時も、短劍で切る間に長劍を我右肩の上へ引き擧げるのである。從つて敵が再び身を退いて我短劍を避けるならば、短劍は勢ひ我右脇の下へ走るから、姿勢は最初と同じ構に戻る。この變化は甚だ順にして捷い。だから敵が如何に速く累擊しても、雙刀一閃悉く合擊することが出來る。然も雙刀一閃すれば、陽位の長劍は陰位へ移り、陰位の短劍は陽位へ變る。卽ち陰陽亂とは、この事を云つた名である。

　心形刀では、この刀法のことを「相捲」と稱ぶ。その譯は、この刀法が、敵の累擊に對して何處までも相應じ捲く立てることが出來ると云ふ意味に外ならない。又、圓明流の「相太刀不相太刀」といふのも、これと類似の形である。その名の意味は、先づ敵刀と我太刀を合はせ、次ぎに相はない方の太刀で切るとの意味である。

併し、陰陽亂、相捲、相太刀不相太刀などと名を變へてゐる諸流の形も、元を糺せば武藏が「打ち合ひの利」と呼んで敎へた劍の用法、卽ち「我太刀敵刀と打ち合ふ中に、合はぬ太刀を以つて敵を切る」といふのを形にしたのであるから、この刀法には定形がある譯ではなく、實は二刀の亂擊である。從つて、敵に對してこの刀法を行ふには、餘程太刀の振り捌き方を練習しないと、雙刀一閃悉く合擊すといふやうな鮮な藝當はやれない。强ゐてやれば、自分で自分の太刀を縺らせるやうな醜態を演ずるのみである。

五輪碎

二刀の亂擊を述べた序に、未來知新流の「五輪碎」といふのを述べやう。

この刀法は、雙刀を十字に組んで頭上へ振り擧げ、剛心に敵へ近づき、敵が擊發するに先立つて、我雙刀を交互に强擊連打し、敵が斃れるまで打ち捲くるのである。その勢ひ、五輪塔を打ち碎くの慨あり、故にこの名があると云ふ。刀法としては無茶苦茶で恐ろしく亂暴なやうに思はれるが、これは敵を測つたり、刀法を色々に考へたりするよりも、いきなり敵へ近づいて、敵の頭上へ我雙刀の亂擊を浴びせる方が、勝負が早いと云ふ解釋に基くものである。この事から又、五輪砕の名は五輪書の教へを無視した形、卽ち五輪書の刀法を打碎く刀法と云ふ意味だとの說をなす者がある。併し確なことは解らない。

右邪、左邪、多敵の位

邪は「よこしま」と讀むから、これは橫構へのことを云つたのである。で右邪は右橫の構へ左邪は左橫の構へ。だから「右邪左邪」とは、長刀を右橫に、短刀を左橫に、開いて橫たへた構へであつて、これは武藏が敎へた「多敵の位」に外ならない。劍の振り方も亦同じである。卽ち、雙刀を左右に開いて敵へ向ひ、敵掛かると見るや、左右の劍を一時に振り違へて敵を挾擊するのである。この時の振り違へに切る切り方は敵刀の位置に依り高く振り違へる事もあり低く振り違へる事もあるが、形の基本は長刀を右から左へ、短刀を左から右へ、左右一調子に振り違へるのである。口傳には、「この太刀敵を擊ち漏らすも差支へなし」と云つてある。

圓明流の「多敵の位」は、この刀法を以つて多勢の敵と戰ふ事を敎へるのであるが、內容は旣に述べた武藏の「多敵の位」そのままであるから、此處には略すことにする。

思無邪、鷹の羽、飛鳥翔

未來知新流では、右邪左邪の續形として「思無邪」を敎へる。

この形は、兩腕を胸に付けて組み交し、雙刀の劍先を後方へ向けて敵へ進む。兩腕の組み方は、左腕を上にし右腕を下にして組み交すのである。だから左手の短劍は我身體の右脇に在つて劍先後方を指し、右手の長劍は我身體の左脇に在つて劍先後方を指す。かくて敵が擊發すれば、短劍にて敵刀を受け止め、長劍にて敵の手を切り拂ふ。この動作は左右一調子である。又敵が擊發する際、我の應ずること早き時は、雙刀一時に敵の兩腕を切り拂ふ。この切り方は、短劍を右から左へ、長劍を左から右へ、一調子に切り鬪くのである。

何故このやうな形を作つたかと云ふと、これは右邪左邪の刀法で敵を挾擊した場合、敵がそれを免れると、我長劍は左へ走り、短劍は右へ走つて、兩腕が胸の前で交叉する。そこを狙つて敵が擊ち掛かるとしたら、當然我はその儘の姿勢で敵の攻擊に應じねばならぬからだ。これ右邪左邪の續形に思無邪の形がある所以である。

では、この形を思無邪と稱ぶのは何故か。思無邪とは即ち「思ひ無き横構へ」である。更に解り易く云へば、思はず横に構へたと云ふ意味である。だからこの形は、敵と勝負する時、最初から用ひるものではないと云ふのが口傳である。

心形刀流では、この刀法のことを「鷹の羽」と稱ぶ。その譯は、「鷹が獲物を捕える時は羽を以つて打つ」と云ふ古說と、雙刀を切り闢く形が鷹の羽ばたきに似てゐると云ふので、斯く名付けたと云ふ。

又、寶山流の「飛鳥翔」と云ふのも、この刀法の異名である。併し寶山流では未來知新流のやうに、右邪左邪と思無邪の區別を設けず、この二つを一つの形として敎へるから、飛鳥翔は右邪左邪と思無邪の兩方を意味する名である。從つて飛鳥翔の形は、最初雙刀を左右へ闢いて敵へ向ひ、雙刀で敵を挾撃して後、その儘組み交しの構へとなし、敵が累撃するのを切り闢いて再び左右の脇構へゝ戻すのである。これを飛鳥翔と名付けたのは、雙刀を切り交し切り闢く有樣が、恰も空を飛ぶ鳥の羽使ひに似てゐるからだと云ふのである。

無二劍、無拍子

圓明流の「無二劍」は口傳になつてゐて、現在ではその內容が不明である。併し、一刀流に無一劍と云ふ刀法があつて、これは劍を斜横に曳いて敵へ向ひ、敵擊發すれば、身體を斜前へ脱出し、劍を廻して敵の手を切る。だから無二劍も恐らくこれに類する刀法であらう。そして無二劍と云つたのは、圓明流は二刀を用ひる故、かく云つたものと思はれる。そうだとすると、この刀法は心形刀流の「無拍子」に相當する。

無拍子の刀法は、身體を低くして雙刀を斜横に曳き、敵へ仕掛け、敵が撃發するに當つて、迅速に身を脱れ、雙刀を廻して敵の兩手を並べ打つのである。これを無拍子と云つたのは、我太刀を敵刀と打ち合さずに敵を斬るからだと云ふ。

流祖伊庭是水軒の口傳祕書には、「無拍子、敵に向つて二刀を用ふる初也。業は必ず留るものに撃つものあり、撃つものに留るものあり、位を以つてその拍子をあらはす。雷心の業を以つて、滯無き事肝要也、此業に至つて飛龍劍出ずると知るべし。故に無拍子と云ふ」と記してゐる。これでは何んのことか一向要領を得ないが、飜譯すると、「業には撃つ業と留る業とがあるが、それ等は既に構へ方に現れてゐるものである。だから構へによつて敵の刀路を知り、敵が撃ち出したら敏速に身を脱れることが肝要だ。この脱れる業のことを無拍子と云ふ」との意である。すると無拍子は、如何にも伊庭是水軒の云ふ通り、二刀を用ひる最初の業だ。何故なれば、二刀を用ひて敵刀を受け止める業は、敵刀から我身を守るのが本旨ではなく、これによつて敵を斬り易くするのが本旨である。だから敵刀を受ける業は意の儘に行ふ必要がある譯だが、この業を自由に行ふには、我身を敵の刀路から敏捷に脱し得る業が基礎となるからである。併し、敵の構を見て敵の刀路を知ることは、心の働きである。從つて敵の刀路から身を即急の間に脱することは心法に屬する。そのため心形刀流では無拍子の業を初心の者には教へず、これを奥儀の業とする。

「飛龍劍出ず」のことは、飛龍劍を話す時に述べる。

手裏劍打ち樣

圓明流の「手裏劍打ち樣」は、俗に云ふ手裏劍即ち小柄を投げる事ではなく、これは二刀を持つて敵へ向ふ時、短劍を手裏劍にして敵へ投げる事を云ふのである。

だが短劍を投げると云つても、これは敵を斃すためではない。元來、この刀法は敵が堅固に構へてゐて容易に動かない時に用ひるものであつて、短劍を投げるのは、これに依つて敵の堅固な構へを亂し、その隙を長劍で切るのが目的である。だから短劍の投げ方は、この目的に適ふやうに投げねばならぬ。即ち我の投げた短劍を、敵が體をかはして避け、或は太刀にて打ち拂ふ場合、敵の姿態が我長劍の攻撃に便利となるやう投げることが肝要である。この事情から短劍の投げ方は、大體二つになる。一つは左肩の上から投げる形、二は左の横脇から投げる形である。何故なれば、この二つの投げ方によると、敵は體を右へ（我から見て）避けつゝ短劍を拂ふから、敵の身體の正面と左側面に我長劍の刀路が開通する。そこを前進して長劍で突くか、或は長劍を右廻しに撃ち込めば、敵を斬ることが出來るからだ。それ故、圓明流の「手裏劍打ち樣」は二種の形を敎へる。

第一の形ば、右手の長劍を上段へ振り擧げ、左手の短劍を前へ突き出し、∞形に振り廻し乍ら敵へ近寄り、機を見て短劍を我左横から敵の胸へ投げ、その途端に右足を前進して、長劍を右廻しに敵の横面へ切り込む。

第二の形は、長劍を握る右の手を腰骨のあたりに控へ、刀身を眞直に敵へ向けて持ち、左手の短劍を左肩の上へ差上げて振り廻しつゝ敵へ近づき、機を見て短劍を我左肩の上から敵の顏へ投げつけ、同時に長劍を突撃して敵の胸を突く。

この二つの形の使ひ分けは、敵の構へが中段及び下段の時は第一の形を用ひ、敵が上段に構へる時は第二の形で應ずる。これは我が短劍を投ずるに先立つて敵が撃發すれば、短劍卽應して敵刀を受け止めねばならぬからである。

二刀の諸流派において、短劍を敵へ投げる形は、皆この二つの形に類するものである。

飛龍劍、飛龍迫、臥龍迫、三心刀

未來知新流の「飛龍劍」と寶山流の「飛龍迫」は、共に威勢の好い名であるが、その內容は圓明流の手裏劍打ち樣第一の形と同じものである。ではこの形を何故飛龍劍と稱び飛龍迫と名付けたか。その次第は次ぎの通りである。

龍は龍虎と云ふ時の對句であるから、既に述べた如く虎を陰刀とすれば、龍は當然陽刀を意味する。所が龍の姿は長身で迂つてゐるから、劍法ではこれを以つて刀路の迂曲と劍の延びとを象徵する。從つてこれは片手振りの劍である。そこで飛龍劍とは、劍を上段に構へ、片手廻しに振り付ける刀法の事である。手裏劍打ち樣第一の形は長劍の用法がこれに相當する。だから飛龍劍と云つたのである。飛龍迫の方は、この刀法を以つて敵へ進むから迫と云つたに外ならない。この場合、短劍を敵へ投げる事を名に示さないのは、この事を祕するが故であつて、寶山流の如きは、飛龍迫の練習形では短劍を投げず、これを以つて敵刀を受け止めることを習はせ、祕傳に至つて始めて短劍を投げる事を口授する。

次ぎに寳山流の「臥龍迫」と云ふのは、手裏劍打ち様第二の形と同じ刀法である。これを何故臥龍迫と稱ぶかは、飛龍迫の意味が明かになつた以上、誰でも想像がつくだらう。即ちこれは長劍が劍先を敵へ向け、刀身を水平に横たへてゐるから、臥龍と云つたのである。だがこの形も亦、短劍を敵へ投げるのを祕傳とするから、常の練習には短劍を投げず、短劍で敵刀を受け止めるのを習ひとする。

又、心形刀流の「三心刀」と云ふのも、この刀法に屬するものである。併し、この形は長劍を左手に持ち、短劍を右手に持つから、形の上では全く逆形となる。即ちこの場合は、長劍が左腰の所で劍先を敵へ向けて横たはり、短劍は右肩の上で逆に廻轉しつゝ敵へ進むのである。そして短劍を敵へ投げ、長劍で敵の胸を突くのは、手裏劍打ち様第二の形と同じである。所で心形刀流も亦短劍を投げつける事を祕傳とする。だから常の練習には、短劍で敵刀を受けるやうに教へる。

では、心形刀流は何故斯様な逆形を作つたか。それは敵へ短劍を投げる時、左手で投げるより右手で投げる方が正確に投げ得るからであり、又突くだけなら長劍を左手に持つても不足はないからである。併し、短劍は敵へ投げて終ふし、殘る長劍は左手にあつて唯突きの一手に限るとなると、これを眞劍の場で用ひる事は、餘程思ひ切らぬとやれる業でない。だからこの刀法は、劍の技術よりも精神の方が重要な條件になる。所が、その重要な條件となる心の持ち方は、恰も淨土教で說く「三心」の心そのまゝだと云ふので、これを三心刀と名付けたと云ふのである。

淨土教の三心とは、至誠心、深心、回向發願心の三つであつて、至誠心は一悉の虛僞を去つて眞實至誠になること、深心は自己の罪惡を深く反省すると共に、深く阿彌陀佛の本願力を信じて一點の疑惑をも挾まぬこと、回向發願心は過去現在になせる一悉の善根功德を悉く往生淨土の一途に振り向け、目的（往生）の達成を希願することであるが、以上の三つを三心刀の心として云ふ場合は、右にて敵を拂ひ左にて斬るなどの念を懷かず、右は敵へ投げ左は敵を突くとのみ思ひ定め（至誠心）、この刀法によれば必ず勝てるものと敎へを信じて疑はず（深心）、日頃の鍛錬を悉くこの刀法一途に振り向けて敵へ進み、勝利を達成することに邁進する（回向發願心）にある。

極一刀、雷天、雷人刀、雲劍翔

圓明流の「極一刀」は讀んで字の如く「一と太刀に極まる」との意であつて、内容は武藏が「一つの打ち」と云つて敎へた劍の理を形にしたものである。從つてこの形には上段の構へを用ひる。卽ち、雙刀を上段へ差上げ、少しく左を前にした斜身で敵へ向ひ、敵の位を見て右前へ身を轉出し、雙刀一時に敵を打つのである。この時もし敵が擊ち出せば、短劍は主として敵刀と張り合せ、長劍は敵の面上を斬り下げる。併し、この刀法は元來敵の心が定まらぬ間を打つのが主眼であるから、打ち方は雙刀共に無念無想の打ちである。從つてその勢は、雙刀一閃雷擊を想はせるものがある。未來知新流でこの刀法を「雷天」と稱ぶは、これがためである。又心形刀流の極祕太刀「雷人刀」と云ふのもこの刀法に外ならない。

所が寶山流の「雲劍翔」はこの刀法に屬しながら、多少趣向が異つてゐる。この形は上段へ舉げた雙刀を左右へ搖り乍ら、剛心を現はして敵へ進み、敵擊ち掛かると見るや、身體を右前へ轉出し、雙刀を右旋廻に敵へ斬り付けるのである。又時としては短劍を敵へ投げ、長劍で斬るとも云ふ。だがこの刀法を雲劍翔と名付けたのは、雲が上位卽ち上段の位を意味する以外、詳しい事は不明である。

直道位

武藏は「直通の位」と云ひ、圓明流では「直道位」と稱ぶ。直通の位は既に述べた如く、敵の構へに依つて定まる我構へのことであるから、この敎へには形がない。在るのは只口授のみである。口授の內容は次ぎの通りだ。

「敵の構へと時の權衡に依り、我構へは變化する。故に構へは彼に在つて我に在らざること恰も水に定形無きが如し、依つてその格を定めることは出來ぬ。とは云ふものの、相對すれば自からそれに備ふる姿勢あり。卽ち彼上段なれば我中段に、彼中段なれば我は上段或は下段に、彼下段なれば我中段にて應じ、敵の構を抑へることが自然である。されば能く打ち習つて敵の構へを見知り、それに應ずべき我構への適否を悟るべし。此處に直道位得らる」

これで見ると、直道位とは、敵を斬る時の直線の位置と云ふ意味ではなく、心の直道卽ち素直な道に基く位と云ふ意味である。言葉を換へて云へば、敵の構へに對し素直に正しく應ずる我構へと云ふ意味である。だからこれは、武藏のやうに「直通の位」と稱ぶよりも、「直道位」と稱ぶ方が適當してゐるやうである。

實手取是

「兵法能く習ひ得ては、無手にても勝つ」と武藏は云つたが、無手にて敵に勝つにはどうすればよいか。これを形として敎へるのが、圓明流の「實手取是」である。實手は素手の意、取是は敵刀を奪ふの意である。從つて、この形は二刀の用法としては關係がないが、劍道の座談に屡々話題となる「眞劍白刄取りの極意」は卽ちこれであるから、世間の興味に答へるため、其の內容を紹介することにしやう。

この形は、右手を延ばして敵へ差向け、やや身體を低くして右半身で敵へ進む。そして敵が打つて來たら、差向けた右手を後へ引き、左半身を前へ飜して敵の刀路を避け、敵の右手首を我左手で捕へ、同時に右手で敵の顏面へ一擊を喰はし、その手を直に直下して敵刀の柄頭を把み、左手で敵の右手首を我方へ返しながら、右手で柄頭を我手前へ左斜に引き取るのである。無論この動作には、各部分に口で說明し難い一寸した呼吸があるのであるが、その呼吸さへ合ふならば、敵刀を奪ふことは易々たるものである。實手敵刀を取る、又易い哉だ。

では敵刀を奪つてどうするか。その刀で敵を斬るのである。卽ち無手にても敵に勝つ所以は是である。

附記

武藏流の棒術

世に武藏流の棒術と云ふのがある。この棒術に付いて寺尾信盛が記した目錄を見ると、第一陰の引棒、第二陽の引棒持、第三卷棒さげ持、第四もしき棒さげ持、第五物見棒つき、第六笠はづし棒さげ持、第七陰のからみ棒、第八陽のからみ棒、第九上段の棒、第十よこ棒、第十一下段の棒、第十二つき棒、第十三かやし棒、以上は太刀に出合の棒

合棒次第

第一おこし棒、第二おさへ棒、第三受け棒、第四いわこみ棒、第五左り棒、第六右の棒、第七とみ合棒、以上は棒と棒と出合の棒。

右の如き內容のものであるが、これは武藏自身が考案したものではなく、實は鹽田濱之助と云ふ人の流儀である。ではこれを何故武藏流の棒と稱ぶやうになつたかと云ふと、その譯は次ぎの通りである。

武藏が熊本で住むやうになつて間もなくのこと、細川家の士で鹽田濱之助と云ふ棒捕手の名手が、武藏へ試合を申込んで來た。武藏は卽座に應じて、短刀一振りを持つて鹽田に對す。濱之助は六尺八寸の棒を持つて立向ふ。だが武藏は速くも濱之助が棒を振り出さんとする頭を押へて動かさず、濱之助かくてはならじと更に振り出せしを、武藏身を入つて後方を空しく打たす。

この時、武藏が濱之助へ向つて云ふには、

「我無手にて居間の中にゐるから、汝我居間の內へ入るべし、若し足踏み込めば汝の勝となさん」と。

濱之助は大いに怒つて棒を捨てるや否や手捕りにしやうと突進す。武藏はそれを間の外に出迎へて、突き倒して終つた。濱之助は始めて武藏の技の非凡なのを知り、形容を更めて拜伏し、門弟たらんことを願ふ。そこで武藏は濱之助を門弟としたのであるが、濱之助は並々ならぬ棒捕手の名手なので、武藏は何時も、この人を以つて門弟を敎へさせてゐた。そのため武藏流の棒と云ふのが世に傳はつたのである。

講談や小說では、武藏の若い時の事を好んで取扱ふやうだ。併し、實を云ふと武藏の若い時の事は、他流試合をした事の外は殆んど不明で、そこへ行くと晩年期の方がむしろ明瞭なのである。では幾歳位からを彼の晩年期と見做すべきか。これには幸ひ、五輪書の序文が良い材料を提供して呉れる。卽ち、

「……諸流の兵法者に行逢ひ、六十餘度まで勝負すといへども、一度もその利を失はず。その程年十三より二十八九までのことなり。三十を越えて跡をおもひ見るに、兵法至極にして勝つにはあらず、おのづから道の器用ありて天理を離れざる故か、又は他流の兵法不足なる所にや。その後猶も深き道理を得んと朝鍛夕錬して見れば、おのづから兵法の道にあふこと、我五十歳のころなり、それより以後は尋ね入るべき道なくして光陰を送る……」

だから私達は、武藏が兵法に悟入したといふ五十歳以後を以つて、彼の晩年期と見るべきである。そして彼はこの時期の總てを熊本の地で過ごした。

生涯髮を結つたことのない彼は、晩年は肩のあたりまで下げてゐた。そして繻子の小袖に紅裏のついた袷を着し、その裾は足の甲に垂れる程長かつたといふ。それにどういふ譯か入浴を

嫌つて、一度も風呂へ這入つたことがなく、夏の暑い日は只手拭を濡らして拭くだけであつたといふから、隨分むさ苦しい男だつたに相違ない。その譯を他人が訊ねると、「身の垢は手桶一つの湯にて洗へば足る。だが心裏の垢を洗ふことは難しい。だから暇がないのだ」と答へるのが常だつたといふ。その心掛けの程は感心させられるが、どうも偏狹であつたようである。

刀脇差は木柄で赤金拵へにし、「物好きごとは、赤金でなくては思ふやうにならない」と、常にいつてゐたといふ。家にある時は、大概無刀で、五尺の杖を携へてゐたが、杖は刃の方に鐵を延べて伏せ、跡先と中に胴金をはめ、長い腕貫の紐を付けてゐた。又枕木刀の腕貫は指に掛ける程度の短いものであつた。そして、「刀脇差に腕貫を付けたい時は、紙捻りをして、絲の卷目に確とくゝりつけ、指に掛かるやうにしたのがよい」と他人に教へてゐた。

身の丈は六尺近くあつて、骨太く、肩巾廣く、力量は衆人に越えてゐたが、死に先立つ二年程前から漸く身體の不自由を感じ出した。

その頃の事である。武藏が長岡興長の邸を訪ねた時、玄關詰所の者達が皆出迎へると、武藏

は玄關の箱段を上るのに、足元がよろめいて不自由そうであつたから、山本源左衞門といふ人が、進み出て、

「手を添へませうか」といふと、

「いや、それに及ばず」と答へ、袴の腰に手を掛け、「ヤツ」と聲を出して上り、奥へ通つた。

所がその後、熊本の八百屋町に火事のあつた時、屋根より屋根へ梯子を掛け渡して走り通る者がある。見る者皆その輕捷なのに驚いて、その正體を糺して見ると、武藏だつたので、更に二度吃驚したといふ。箱段を上るのに不自由な老體であり乍ら、事に臨むとこのやうな變當がやれる彼だつたのである。

生涯福德のあつた彼は、金銀に乏しからず、歴々の浪人で武藏に隨仕した者が相當あつた程で、これ等の者が暇を乞ふて他所へ行く時などは、

「金銀無くては、何處へ行くも落着き難いものだ。その用意があるか」と尋ね、自分の居間の天井の周圍に、木綿の嚢に入れた金銀を掛けて置いて、「何番目の嚢を」と指圖し、矢筈竹でそれを卸させて、何時も與へたといふ話である。

木刀を取つては、中段でも上段でも下段でも、心の儘に使ひ、隨仕の者はいふに及ばず、誰

をでも相手に立合ひ、日々試合をも行つた。

小河權太夫といふ人は、壯年の頃から武藏の下に隨仕し、後に露心と號して劍客傳中に名をなした人であるが、この人の話によると、「吾などは、若き頃には命を捨てる事を物の屑とも思はず、從つて武藏と立合ひ、打ち太刀をする時は、ひたすら太刀を打つべしと思ひ込んで立合ふのであるが、武藏が二刀を持ち、大劍を杖につき、肩を𦄂つと鬮げる時は、肝にこたへて踏み掛けやうとした足を、一足は必ず退きたり。これは吾だけではなかつた……」といふ。

併し、晩年における武藏の平日は實に閑靜で、大概は連歌、茶、書畫、細工などして過し、その作物には立派なものが殘つてゐる。

繪は何時頃から始めたのか詳かでないが、近世逸人畫史によると、武藏の畫風は長谷川家の流を汲むもので、「二天」の印を用ふとあり。熊本へ住むやうになつてからは、畫家矢野三郎兵衛吉重（舊姓橘三十郎、領百五十石）に隨つて學んだ事が、矢野家の門人錄に明である。

彫刻は、作品が餘り殘つてゐないので、その詳細を窺ふことは困難であるが、試合に用ひた木刀は皆自作の品であつたやうだし、熊本の靈巖洞に傳はる不動明王の立像や、松井家に所藏されてゐる鞍などから見ると、仲々精巧を極めたものである。殊に金工では、肥後鍔の中に彼の作があつて、甚だ傑出してゐるのに驚かされる。この方に於ける彼の作は、鐔縁頭共に一種特別の作風で、地鐵は固くしまり、一見鋼鐵の如く、從つて時代を經ても若く見へ勝である。鐔の形は小型で、一種のナマコ透しであり、縁頭も普通とは異ひ、異體の形が多く、總じて深造りである。併し世に傳はる物には僞物が多いといふ話である。

禪に興味を懷いた彼は、細川家の菩提寺泰勝寺の僧春山和尚と深く交り、岩殿山の靈巖洞で座禪に過す日が多かつたやうである。

この他、武藏の逸話は種々なものが残つてゐるが、これ等は現在武藏に關する他書に皆載せてゐる事であるから、それ等の書と重複を避けるため、こゝには割愛して、この話を終ることにする。

（終り）

昭和十六年七月十五日印刷
昭和十六年七月二十日發行

二刀流を語る

㊢
【定價金壹圓八拾錢】

著者　吉田精顯

發行者　高山菊次
東京市小石川區關口町一八九

印刷者　大森清一
東京市小石川區指谷町一四六

發行所　教材社
東京市小石川區關口町一八九
振替東京五六一四三番
電話大塚二〇三八番

配給元　東京市神田區淡路町二ノ九
日本出版配給株式會社

〈復　刻〉

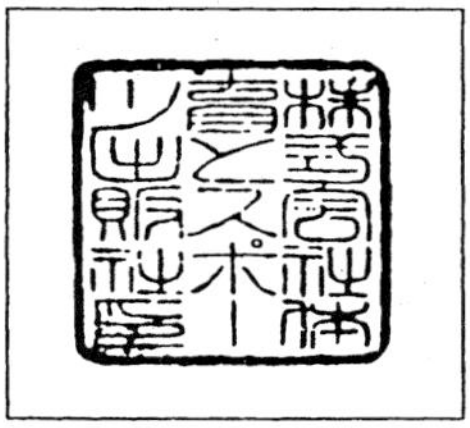

二刀流を語る（オンデマンド版）

二〇〇二年三月十日発行

著　者　吉田精顕

発行者　橋本雄一

発行所　㈱体育とスポーツ出版社
東京都千代田区神田錦町二－九
電話　（〇三）三二九一－〇九一一
FAX　（〇三）三二九三－七七五〇

印刷所　㈱デジタルパブリッシングサービス
東京都新宿区西五軒町一一－一三
電話　（〇三）五二二五－六〇六一

ISBN4-88458-133-4　　Printed in Japan　　AA779